MW00425268

¡DESPIERTA!

Para un gran amigo con
todo cariño.
Pedro

A N T H O N Y
DE MELLO, S. J.

¡DESPIERTA!

CHARLAS SOBRE
LA ESPIRITUALIDAD

Traducción
Eloisa Vasco

GRUPO
EDITORIAL
norma

Barcelona, Bogotá, Buenos Aires, Caracas,
Guatemala, México, Miami, Panamá, Quito, San José,
San Juan, San Salvador, Santiago de Chile.

Edición original en inglés:
AWARENESS
de Anthony de Mello, S. J.
Publicada por Doubleday, división de
Bantam Doubleday Dell
Publishing Group, Inc.
666 Fifth Avenue, New York, N. Y. 10103, U.S.A.
Copyright © 1990 por The Center for Spiritual Exchange, Inc.

Copyright © 1994 para Latinoamérica
por Editorial Norma S. A.
Apartado Aéreo 53550, Bogotá, Colombia.
Reservados todos los derechos.
Prohibida la reproducción total o parcial de este libro,
por cualquier medio, sin permiso escrito de la Editorial.
Primera reimpresión, 1994
Segunda reimpresión, 1994
Tercera reimpresión, 1995
Impreso por Carvajal S. A. — Imprelibros
Impreso en Colombia — Printed in Colombia
Abril de 1995

Dirección editorial, María del Mar Ravassa G.
Edición, Armando Bernal M. y Lucrecia Monárez T.
Cubierta, adaptación del diseño de Mario Pulice.

ISBN 958-04-2637-6

CONTENIDO

PRÓLOGO

En una ocasión, entre amigos, le pidieron a Tony de Mello que dijera unas pocas palabras sobre la naturaleza de su trabajo. Se puso de pie, y relató una historia que más tarde repitió en conferencias, y que usted reconocerá como parte de su libro *El canto del pájaro*. Yo me quedé atónito cuando dijo que esta historia se refería a mí.

Un hombre encontró un huevo de águila y lo puso en el nido de una gallina, en un corral. El aguilucho fue incubado junto con la nidada de polluelos, y creció con ellos.

Toda su vida el águila hizo lo que hacían los pollos del corral, creyendo que era uno de ellos. Escarbaba la tierra en busca de gusanos e insectos. Piaba y cacareaba. Y movía las alas y volaba unos pocos metros.

Pasaron los años, y el águila envejeció. Un día vio un ave magnífica volando por encima de ella, en el cielo sin nubes. Se deslizaba con graciosa majestad entre las poderosas corrientes de aire, moviendo apenas sus fuertes alas doradas.

La vieja águila miraba hacia arriba con asombro.

— ¿Quién es ése? — preguntó.

— Es el águila, el rey de las aves — le dijo su vecino — . Él pertenece al cielo. Nosotros pertenecemos a la tierra; somos pollos.

Así, el águila vivió y murió como un pollo, porque creía que era un pollo.

¿Atónito? ¡Al principio me sentí insultado! ¿Me estaba comparando en público con un pollo de corral? Hasta cierto punto, sí, y también, no. ¿Insultante? Nunca. No era propio de Tony. Pero me estaba diciendo y diciéndoles a los demás que a sus

ojos yo era un "águila dorada", sin consciencia de las alturas
a las que podría remontarme. Esta historia me hizo comprender la medida del hombre y el verdadero amor y el respeto de
Tony por las personas, siempre, mientras decía la verdad. De
eso se trataba su trabajo, de despertar a la gente a la realidad
de su grandeza. Ahí estaba Tony de Mello en uno de sus
mejores momentos, proclamando el mensaje de "consciencia",
viendo la luz que somos para nosotros mismos y para los
demás, dándose cuenta de que somos mejores de lo que
pensamos.

Este libro capta a Tony en pleno vuelo, haciendo justamente
eso — en diálogo e interacción vivos —, tratando todos los
temas que les llenan de regocijo el corazón a quienes escu-
chan.

Mantener en las páginas impresas el espíritu de sus palabras vivas, y sostener en ellas su espontaneidad ante una
audiencia que le respondía, fue la tarea que enfrenté después
de su muerte. Gracias al maravilloso apoyo de George
McCauley, S.J., Joan Brady, John Culkin, y otros demasiado
numerosos para mencionarlos, las horas emocionantes, entre-
tenidas y reflexivas que dedicó Tony a comunicarse con gente
real han sido maravillosamente captadas en las siguientes
páginas.

Disfrute de este libro. Permita que las palabras penetren en
su alma y escuche, como lo sugeriría Tony, con el corazón.
Escuche sus historias, y escuchará sus propias historias. Lo
dejo con Tony — un guía espiritual —, un amigo que lo
acompañará toda la vida.

J. Francis Stroud, S.J.
De Mello Spirituality Center
Universidad Fordham
Bronx, Nueva York

❋
SOBRE EL DESPERTAR

Espiritualidad significa despertar. La mayoría de las personas están dormidas, pero no lo saben. Nacen dormidas, viven dormidas, se casan dormidas, tienen hijos dormidas, mueren dormidas sin despertarse nunca. Nunca comprenden el encanto y la belleza de esto que llamamos la existencia humana. Todos los místicos — católicos, cristianos, no cristianos, cualquiera que sea su teología, independientemente de su religión — afirman una cosa unánimemente: todo está bien. Aunque todo está hecho un desastre, todo está bien. Esto es, sin duda, una extraña paradoja, pero lo trágico es que la mayoría de las personas nunca llegan a darse cuenta de que todo está bien, porque están dormidas. Tienen una pesadilla.

El año pasado oí en la televisión española una historia sobre un caballero que llama a la puerta de la alcoba de su hijo, y dice:

— Jaime, ¡despierta!

Jaime responde:

— No quiero levantarme, papá.

El padre grita:

— Levántate, tienes que ir a la escuela.

— No quiero ir a la escuela.

— ¿Por qué no?

— Por tres motivos: El primero, porque es aburridor; el segundo, porque los niños se burlan de mí; y el tercero, porque odio la escuela.

— Bien, voy a darte tres razones por las cuales *debes* ir a la escuela — replica el padre —: La primera, porque es tu deber; la segunda, porque tienes cuarenta y cinco años; y la tercera, porque eres el director.

¡Despierte usted, despierte! Ya está crecido. Está demasiado grande para estar dormido. ¡Despierte! Deje de jugar con sus juguetes.

La mayoría de las personas dicen que quieren abandonar

el jardín infantil, pero no les crea. ¡No les crea! Lo único que quieren es remendar sus juguetes rotos. "Devuélvame a mi esposa. Devuélvame mi empleo. Devuélvame mi dinero. Devuélvame mi fama, mi éxito". Esto es lo que quieren; quieren que les cambien sus juguetes. Eso es todo. Hasta el mejor psicólogo le dirá que la gente realmente no quiere curarse. Lo que quiere es un alivio; una cura es dolorosa.

Despertarse es desagradable, usted lo sabe. Usted está placentera y confortablemente acostado. Es irritante que lo despierten. Ésa es la razón por la cual el gurú sabio no intentará despertar a la gente. Voy a ser sabio ahora, y de ninguna manera voy a intentar despertarlo, si usted está dormido. Realmente, no es asunto mío, aunque a veces le diga: "¡Despierte!" A mí me concierne hacer lo mío, danzar mi propia danza. Si a usted le aprovecha, magnífico; si no, ¡qué lástima! Como dicen los árabes: "La naturaleza de la lluvia es la misma, pero hace que crezcan espinas en los pantanos y flores en los jardines".

❋
¿PODRÉ AYUDARLE EN ESTE RETIRO?

¿Cree usted que voy a ayudarle a alguien? ¡No! ¡No, no, no, no, no! No espere que yo le ayude a nadie. Tampoco espero hacerle daño a nadie. Si usted sufrió un daño, usted mismo se lo hizo; y si usted recibe ayuda, usted mismo se ayudó. ¡Realmente es así! ¿Usted cree que la gente le ayuda? No, no le ayuda. ¿Usted cree que la gente lo apoya? No, no es así.

En un grupo de terapia que dirigí una vez, se encontraba una mujer. Era una religiosa. Me dijo:

— No me siento apoyada por mi superiora.

Entonces le pregunté:

— ¿Qué significa eso?

— Bueno — me contestó —, mi superiora, la superiora provincial, nunca va al noviciado del cual estoy encargada, nunca. Nunca dice una palabra de reconocimiento.

— Muy bien, hagamos una pequeña representación escénica — le indiqué —. Imaginemos que yo conozco a su superiora provincial. Realmente, imaginemos que yo sé con exactitud cuál es la opinión que ella tiene de usted. De modo que yo le digo a usted (actuando como la superiora provincial): "Mire, Mary: La razón por la cual no voy a verla es porque su convento es el único sitio de la provincia que no tiene problemas. Yo sé que usted está al frente, y que todo está bien". ¿Cómo se siente ahora?

— Me siento muy bien.

— Bueno, ahora tenga la bondad de permanecer fuera del salón un minuto, o dos. Esto es parte del ejercicio.

Salió. Cuando estaba fuera, le dije al resto del grupo de terapia:

— Todavía soy la superiora provincial. ¿De acuerdo? Mary es la peor directora de novicias que he tenido en toda la historia de la provincia. En realidad, la razón por la cual no voy al noviciado es porque no puedo soportar lo que ella hace. Es sencillamente espantoso. Pero si le digo la verdad, sólo lograré que esas novicias sufran más. Vamos a conseguir a alguien que la reemplace dentro de un año, o dos; estamos preparando a alguien. Mientras tanto, le dije esas cosas positivas para que pueda continuar. ¿Qué opinan de esto?

Ellos respondieron:

— Bueno, realmente era lo único que usted podía hacer en esas circunstancias.

Luego hice entrar a Mary, y le pregunté si todavía se sentía bien.

— Oh, sí — me dijo.

¡Pobre Mary! Ella creía que la estaban apoyando, y, en realidad, no era así. El hecho crucial es que la mayor parte de lo que sentimos y pensamos lo provocamos nosotros mismos en la mente, incluso eso de que los demás nos ayudan.

¿Se imagina usted que le ayuda a una persona porque está enamorado de ella? Pues permítame decirle: Usted nunca está enamorado de nadie. Usted sólo está enamorado de su idea preconcebida y optimista de esa persona. Reflexione sobre eso un momento: Usted nunca está enamorado de nadie, usted está enamorado de la idea preconcebida que tiene de esa persona. ¿No es así como usted se enamora? Sus ideas cambian, ¿no es verdad? "¿Cómo me pudiste fallar si confiaba tanto en ti?", le dice usted a alguien. ¿De verdad confiaba en esa persona? Usted nunca confió en nadie. ¡No se engañe! Eso es parte del lavado de cerebro que nos hace la sociedad. Usted nunca confía en nadie. Usted confía en la opinión que tiene de esa persona. De manera que, ¿de qué se queja? El hecho es que a usted no le gusta decir: "Estaba equivocado". Eso no es muy halagador, ¿verdad? Entonces usted prefiere decir: "¿Cómo me pudiste fallar?"

Así es: La gente realmente no quiere crecer, la gente realmente no quiere cambiar, la gente realmente no quiere ser feliz. Como me dijo alguien muy sabiamente: "No trate de hacerlos felices, eso sólo le traerá problemas. No trate de enseñarle a un cerdo a cantar; usted pierde su tiempo y el cerdo se irrita". Como el hombre de negocios que entra en un bar, se sienta, y ve a un tipo que tenía un banano metido en la oreja — ¡un banano metido en la oreja! — y piensa: "Me pregunto si debo decirle algo. No, no es asunto mío". Pero sigue pensando en lo mismo. De modo que después de un trago o dos, se dirige al tipo:

— Excúseme, usted tiene un banano en la oreja.

— ¿Qué? — dice el tipo.

— Que usted tiene un banano en la oreja.

— ¿Qué fue lo que dijo?

El hombre de negocios grita:

— ¡Que usted tiene un banano en la oreja!

— ¡Hable más fuerte porque tengo un banano en la oreja!

De modo que es inútil. "Desiste, desiste, desiste", me digo

a mí mismo. Di lo que tengas que decir, y vete. Y si a ellos les aprovecha, magnífico, y si no, ¡qué lástima!

❋
SOBRE EL EGOÍSMO LEGÍTIMO

Lo primero que quiero que ustedes comprendan, si realmente quieren despertar, es que ustedes no quieren despertar. El primer paso para despertar es que tengan suficiente honestidad como para admitir que no les gusta. No quieren ser felices. ¿Quieren hacer una prueba? Ensayemos. Tardará exactamente un minuto. Podrían cerrar los ojos o mantenerlos abiertos. Realmente no importa. Piensen en alguien a quien ustedes quieren mucho, alguien muy cercano a ustedes, alguien que para ustedes es muy valioso, y díganle mentalmente a esa persona: "Preferiría ser feliz a tenerte". Vea lo que sucede. "Preferiría ser feliz a tenerte. Si yo pudiera elegir, sin duda escogería la felicidad". ¿Cuántos de ustedes se sintieron egoístas cuando dijeron eso? Parece que muchos. ¿Ven cómo nos han lavado el cerebro? ¿Ven cómo nos han lavado el cerebro para que pensemos: "¿Cómo puedo ser tan egoísta?" Pero miren quién es egoísta. Imaginen que alguien les dice a *ustedes*: "¿Cómo puedes ser tan egoísta como para elegir la felicidad en lugar de elegirme a mí?" ¿No les gustaría responder esto?: "Excúsame, pero ¿cómo puedes ser tan egoísta como para exigir que yo te elija a ti por encima de mi felicidad?"

Cierta vez, una mujer me contó que cuando ella era niña su primo jesuita organizó un retiro espiritual en la iglesia jesuita de Milwaukee. Él empezaba cada conferencia con estas palabras: "La prueba del amor es el sacrificio, y la medida del amor es el desinterés". ¡Qué maravilla! Le pregunté a ella: "¿Usted quisiera que yo la amara a costa de mi felicidad?" "Sí", me contestó. ¿No sería maravilloso? *Ella* me amaría a costa de *su* felicidad, y *yo* la amaría a costa de *mi* felicidad, y así tendríamos *dos* personas desgraciadas, pero *¡que viva el amor!*

❄

SOBRE EL DESEO DE FELICIDAD

Estaba diciendo que no queremos ser felices. Queremos otras cosas. O más exactamente: No queremos ser incondicionalmente felices. Estoy dispuesto a ser feliz *siempre y cuando que* tenga esto y lo otro. Pero esto realmente es decirle a nuestro amigo o a nuestro Dios o a cualquiera: "Tú eres mi felicidad. *Si no te tengo*, me niego a ser feliz". Es muy importante comprender eso. No podemos imaginarnos la felicidad sin esas condiciones. Es muy cierto. No podemos imaginarnos la felicidad sin ellas. Nos han enseñado a cifrar en ellas nuestra felicidad.

De manera que eso es lo primero que debemos hacer si queremos despertar, que es lo mismo que decir: Si queremos amar, si queremos ser libres, si queremos la alegría y la paz y la espiritualidad. En ese sentido, la espiritualidad es lo más práctico que hay en el mundo. Desafío a cualquiera a pensar en algo más práctico que la espiritualidad como la he definido — no como piedad, no como devoción, no como religión, no como adoración, sino como espiritualidad — ¡despertar, despertar! Veamos la angustia que hay por todas partes, veamos la soledad, veamos el temor, la confusión, el conflicto en el corazón de la gente, el conflicto interno, el conflicto externo.

Imagínense ustedes que alguien les muestra la manera de librarse de todo eso. Imagínense ustedes que alguien les muestra la manera de detener ese tremendo gasto de energía, de salud, de emoción que es resultado de esos conflictos y de esa confusión. ¿Les gustaría? Imaginémonos que alguien nos muestra una manera de amarnos los unos a los otros, y de vivir en paz y con amor. ¿Pueden ustedes imaginarse algo más práctico que eso? Pero, en cambio, hay personas que piensan que los grandes negocios son más prácticos, que la política es más práctica, que la ciencia es más práctica. ¿De qué nos sirve llevar a un hombre a la Luna si no podemos vivir en la Tierra?

¿EN ESTE CURSO DE ESPIRITUALIDAD ESTAMOS HABLANDO DE PSICOLOGÍA?

¿La psicología es más práctica que la espiritualidad? No hay nada más práctico que la espiritualidad. ¿Qué puede hacer el pobre psicólogo? Sólo puede aliviar la tensión. Yo soy psicólogo, y hago psicoterapia, y se me presenta este gran conflicto a veces, cuando tengo que escoger entre la psicología y la espiritualidad. Me pregunto si esto tiene sentido para alguno de los presentes. Para mí no tuvo sentido durante muchos años.

Voy a explicarlo: No tuvo sentido para mí durante muchos años, hasta que de pronto descubrí que la gente tiene que sufrir *bastante* en una relación para desilusionarse de *todas* las relaciones. ¿No es eso algo terrible? Tiene que sufrir *bastante* en una relación para que despierte y diga: "¡Ya me cansé! Tiene que haber una manera mejor de vivir que dependiendo de otro ser humano". ¿Y qué estaba haciendo yo como psicoterapeuta? Las personas llegaban con sus problemas de relación, sus problemas de comunicación, etc., y a veces lo que hice les ayudó. Pero siento decir que a veces no les ayudó porque eso las mantenía dormidas. Tal vez debieran haber sufrido un poquito *más*. Tal vez deben llegar hasta el fondo y decir: "Estoy cansado de *todo*". Solamente cuando usted esté cansado de su cansancio podrá superarlo. La mayoría de la gente va a donde un psiquiatra o un psicólogo para recibir alivio. Lo repito: para recibir alivio. No para curarse.

Hay una historia sobre Juanito, quien, según decían, era retardado mental. Pero evidentemente no lo era, como lo verán. Juanito va a clase de cerámica en su escuela para niños especiales y toma su pedazo de arcilla y se pone a modelarla. Coge un pedacito de arcilla y se va a un rincón del salón a jugar con ella. La maestra se le acerca y le dice:

— Hola, Juanito.

— Hola — le contesta Juanito.

— ¿Qué es lo que tienes en la mano, Juanito?

— Esto es un poco de estiércol de vaca.

— ¿Qué estás haciendo con ese estiércol?

— Estoy haciendo una maestra.

La maestra piensa: "Juanito tuvo una regresión", de modo que llama al director, que pasaba en ese momento, y le dice:

— Juanito tuvo una regresión.

Entonces el director se acerca a Juanito y le dice:

— Hola, hijo.

— Hola — le contesta Juanito.

— ¿Qué es lo que tienes en la mano, Juanito?

— Un poco de estiércol de vaca.

— ¿Qué estás haciendo con el estiércol?

— Un director de escuela.

El director piensa que este caso es para el psicólogo de la escuela. "¡Llamen al psicólogo!", dice.

El psicólogo es un tipo inteligente. Se acerca a Juanito y le dice:

— Hola.

— Hola — le contesta Juanito.

— Juanito, yo sé qué es lo que tienes en la mano.

— ¿Qué?

— Un poco de estiércol de vaca.

— Correcto.

— Y yo sé qué estás haciendo con él.

— ¿Qué?

— Estás haciendo un psicólogo.

— Se equivoca. ¡No hay suficiente estiércol!

¡Y decían que era retardado mental!

Los pobres psicólogos están haciendo un buen trabajo. Realmente lo hacen. Hay ocasiones en que la psicoterapia es una gran ayuda, porque cuando usted está a punto de volverse loco, loco de atar, usted está a punto de volverse un psicótico o un místico. Eso es lo que es un místico, lo contrario de un loco. ¿Quiere usted saber una señal de que ya despertó? Es cuando usted se pregunta: "¿Estoy loco, o son los demás los que están locos?" Así es, realmente. Porque estamos locos. El mundo entero está loco. ¡Locos certificados! La única razón por la cual no estamos encerrados en un manicomio es porque somos demasiados. De modo que estamos locos. Vivimos de ideas locas acerca del amor, de las relaciones, de la felicidad, del gozo, de todas las cosas. Estamos locos hasta tal punto que he llegado a creer que si todo el mundo está de acuerdo sobre algo, puede usted tener la seguridad de que ¡todos están equivocados! Todas las ideas nuevas, todas las grandes ideas, cuando empezaron, estaban en una minoría de uno solo. Ese hombre llamado Jesucristo — una minoría de uno. Todo el mundo decía algo diferente de lo que él decía. Buda — minoría de uno. Todo el mundo decía algo diferente de lo que él decía. Creo que fue Bertrand Russell quien dijo: "Toda gran idea empieza como una blasfemia". Eso es cierto, y dicho con exactitud. Ustedes van a escuchar muchas blasfemias duran- te estos días. "¡Él ha blasfemado!" Porque la gente está loca, todos son locos, y cuanto más pronto lo vean ustedes, mejor para su salud mental y espiritual. No confíen en ellos. No confíen en sus mejores amigos. Desilusiónense de sus mejores amigos. Son muy brillantes. Lo mismo que *ustedes* en su trato con otras personas, aunque probablemente ustedes no lo sepan. Ah, ustedes son tan astutos, tan sutiles y tan ingeniosos. Ustedes están representando un gran papel.

No estoy haciendo muchos elogios, ¿verdad? Pero lo repito: Ustedes quieren despertar. Ustedes están representando un gran papel. Y ni siquiera lo saben. Piensan que aman. ¡Ja! ¿A quién aman? Hasta su abnegación los hace sentir bien, ¿verdad? "¡Me estoy sacrificando! Estoy viviendo de acuerdo con mi ideal". Pero ustedes obtienen algún beneficio de eso, ¿no es así? Siempre obtienen algo de todo lo que hacen, hasta que despierten.

De modo que aquí está el primer paso: Dése cuenta de que no quiere despertar. Es bastante difícil que despierte si lo hipnotizaron para que crea que un pedazo de papel periódico viejo es un cheque por un millón de dólares. ¡Qué difícil es separarse de ese pedazo de periódico viejo!

LA RENUNCIACIÓN TAMPOCO ES LA SOLUCIÓN

Siempre que usted practique la renunciación, se engaña. ¡Qué tal eso! Se engaña. ¿A qué renuncia? Siempre que renuncie a algo, queda atado para siempre a aquello a lo cual renuncia. Hay un gurú de la India que dice: "Siempre que viene a verme una prostituta, no habla sino de Dios. Dice que está cansada de la vida que lleva. Que quiere a Dios. Y siempre que viene a verme un sacerdote, no habla sino de sexo". Muy bien, cuando usted renuncia a algo, queda atado a esa cosa para siempre. Cuando lucha contra alguna cosa, queda atado a ella para siempre. Mientras luche contra ella, le está dando poder. Le da tanto poder como el que usa para luchar contra él.

Eso incluye el comunismo y todo lo demás. De manera que debe "recibir" a sus demonios, porque cuando lucha contra ellos, les da poder. ¿Nadie le ha dicho esto? Cuando renuncia a una cosa, queda atado a ella. La única manera de salir de eso es mirar a través de la cosa. No renuncie a ella, *mire a través de ella*. Comprenda su verdadero valor y no tendrá que renunciar a ella; sencillamente ella caerá de sus manos. Pero, por supuesto, si no ve eso, si usted está hipnotizado y cree que no será feliz sin esta cosa, aquélla o la de más allá, está esclavizado. Lo que tenemos que hacer por usted no es lo que la llamada espiritualidad intenta hacer — es decir, lograr que usted haga sacrificios, que renuncie a las cosas. Eso es inútil. Usted todavía está dormido. Lo que tenemos que hacer es ayudarle a comprender. Si comprendiera, sencillamente dejaría de desear esa cosa. Esto es otra manera de decir: Si usted despertara, sencillamente dejaría de desear esa cosa.

ESCUCHE Y DESAPRENDA

A algunos nos despiertan las duras realidades de la vida. Sufrimos tanto que despertamos. Pero los seres humanos tropiezan con la vida una y otra vez. Todavía caminan como sonámbulos. Nunca despiertan. Trágicamente, nunca se les ocurre que puede haber otra manera. Nunca se les ocurre que

puede haber una manera mejor. Sin embargo, si la vida no lo
ha golpeado *a usted* lo suficiente, y si no ha sufrido lo suficiente, entonces hay otra manera: *escuchar.* No quiero decir
que usted tiene que estar de acuerdo con lo que estoy diciendo.
Eso no sería escuchar. Créame, realmente no interesa que
usted esté o no esté de acuerdo con lo que estoy diciendo.
Porque el acuerdo o el desacuerdo tienen que ver con las
palabras y los conceptos y las teorías; no tienen nada que ver
con la verdad. La verdad nunca se expresa con palabras. La
verdad se percibe de repente, como resultado de cierta actitud.
De manera que usted puede no estar de acuerdo conmigo y,
sin embargo, percibir la verdad. Pero tiene que haber una
actitud de apertura, estar dispuesto a descubrir algo nuevo.
Eso es lo importante, no que usted esté o no esté de acuerdo
conmigo. Al fin y al cabo, la mayor parte de lo que le estoy
dando son realmente teorías. Ninguna teoría abarca adecuadamente la realidad. De manera que yo puedo hablarle a
usted, no de la verdad, sino de los obstáculos a la verdad. Esos
obstáculos los puedo describir. No puedo describir la verdad.
Nadie puede hacerlo. Lo único que puedo hacer es describirle
sus falsedades, para que pueda dejarlas. Lo único que puedo
hacer por usted es desafiar sus creencias y el sistema de
creencias que lo hace desdichado. Lo único que puedo hacer
es ayudarle a desaprender. De eso se trata el aprendizaje en
lo concerniente a la espiritualidad: desaprender, desaprender
casi todo lo que nos han enseñado. Una disposición para
desaprender, para escuchar.

   ¿Está usted escuchando, como lo hace la mayoría de la
gente, con el fin de confirmar lo que ya piensa? Observe sus
propias reacciones a medida que hablo. Con frecuencia se
alarmará, o se conmocionará, o se escandalizará, o se irritará,
o se disgustará, o se sentirá frustrado. O dirá: "¡Maravilloso!"

   ¿Pero está usted escuchando a ver si lo que oye le confirma
lo que piensa? ¿O está escuchando para descubrir algo nuevo?
Eso es importante. Es difícil para las personas que están
dormidas. Jesús proclamó la buena nueva, y, sin embargo, fue
rechazado. No porque fuera buena, sino porque era nueva.

Detestamos lo nuevo. ¡Lo detestamos! Y cuanto más pronto aceptemos ese hecho, mejor. No queremos nada nuevo, especialmente cuando es perturbador, especialmente cuando implica un cambio. Especialmente si implica decir: "Yo estaba equivocado". Recuerdo que me encontré en España con un jesuita de ochenta y siete años; fue superior y profesor mío en la India hace treinta o cuarenta años. Y asistió a un taller como éste. "Debería haberlo oído hace sesenta años", me dijo. "Mire: He estado equivocado toda la vida". Dios, ¡escuchar eso! Es como ver una de las maravillas del mundo. Eso, damas y caballeros, ¡es *fe!* Una apertura hacia la verdad, sin importar las consecuencias, sin importar hacia dónde lo lleve a uno. Eso es fe. *No* es creencia, sino fe. Las creencias le dan a uno mucha seguridad, pero la fe es inseguridad. Uno no sabe. Uno está dispuesto a seguir y está abierto, ¡completamente abierto! Está dispuesto a escuchar. Y fíjense bien, estar abierto no significa ser crédulo, no significa tragar entero todo lo que diga el que habla. De ningún modo. Ustedes tienen que cuestionar todo lo que estoy diciendo. Pero cuestiónenlo desde una actitud de apertura, no de terquedad. Y cuestiónenlo todo. Recuerden estas hermosas palabras de Buda: "Los monjes y los eruditos no deben aceptar mis palabras por respeto sino que deben analizarlas, así como un orfebre analiza el oro — cortando, raspando, frotando, fundiendo".

Cuando uno hace eso, está escuchando. Ha dado otro gran paso hacia el despertar. Como dije, el primer paso es estar dispuesto a admitir que uno no quiere despertar, que no quiere ser feliz. Dentro de uno hay toda clase de resistencias. El segundo paso es estar dispuesto a comprender, a escuchar, a cuestionar todo su sistema de creencias. No solamente sus creencias religiosas, sus creencias políticas, sus creencias sociales, sus creencias psicológicas, sino todas sus creencias. Estar dispuesto a revisarlas todas, según la metáfora de Buda. Y les daré a ustedes muchas oportunidades para que realicen eso aquí.

✳
LA FARSA DE LA CARIDAD

La caridad es realmente el amor propio disfrazado de altruismo. Usted dice que es muy difícil aceptar que puede haber ocasiones en que usted no está realmente tratando de ser amoroso o confiado. Simplifiquémoslo lo más posible. Hagámoslo tan brusco y tan extremo como sea posible, al menos para empezar. Hay dos tipos de egoísmo. El primer tipo es el que consiste en darme el gusto de darme gusto. Eso es lo que generalmente llamamos egoísmo. El segundo tipo es el que consiste en darme el placer de agradar a los demás. Éste sería un tipo más refinado de egoísmo.

El primero es muy obvio, pero el segundo está oculto, muy oculto, y por eso es más peligroso, porque llegamos a pensar que realmente somos maravillosos. Pero, al fin y al cabo, tal vez no seamos tan maravillosos. Veo que ustedes protestan cuando digo eso. ¡Magnífico!

Usted, señora, dice que, en su caso, vive sola, y que va a la parroquia y dedica varias horas de su tiempo. Pero también admite que realmente lo hace por una razón egoísta — usted necesita que la necesiten — y usted también sabe que necesita que la necesiten de una manera que la haga sentir que está contribuyendo con algo al mundo. Pero también admite que, como ellos también la necesitan, es un intercambio.

¡Usted está a punto de entender! Tenemos que aprender de usted. Eso es correcto. Usted dice: "Doy algo, recibo algo". Está en lo cierto. Voy a ayudar, doy algo, recibo algo. Eso es bello. Eso es verdad. Eso es real. Eso no es caridad, eso es el amor propio ilustrado.

Y usted, señor, usted señala que, en el fondo, el Evangelio de Jesús es un Evangelio del egoísmo. Logramos la vida eterna por nuestros actos de caridad. "Venid, benditos de mi Padre.

Cuando tuve hambre, me disteis de comer, etc.". Usted dice que eso confirma lo que dije. Cuando miramos a Jesús, dice usted, vemos que en el fondo sus actos de caridad fueron fundamentalmente actos de egoísmo, ganar almas para la vida eterna. Y usted ve eso como todo el impulso y el significado de la vida: el logro del egoísmo por medio de actos de caridad.

Muy bien. Pero vea usted: Usted está haciendo algo de trampa porque trajo la religión a este asunto. Eso es legítimo. Es válido. Pero ¿qué tal si hablo de los Evangelios, de la Biblia, de Jesús, hacia el *final* de este retiro? Por ahora diré esto para complicarlo aun más. "Tuve hambre, y me disteis de comer, tuve sed y me disteis de beber", y ¿ellos qué responden? "¿Cuándo? ¿Cuándo lo hicimos? No lo sabíamos". ¡No tenían consciencia de ello! A veces tengo una horrible fantasía en la que el rey dice:

— Tuve hambre y me disteis de comer.

Y la gente que está a la derecha dice:

— Así es, Señor, nosotros lo *sabemos.*

— No les estaba hablando a ustedes — les dice el rey —. No es así; ustedes no *debían* saberlo.

¿No les parece interesante? Pero *ustedes* saben. Ustedes conocen el placer interior cuando hacen obras de caridad. ¡Ajá! ¡Así es! Es lo opuesto de alguien que dice: "¿Qué tenía de extraordinario lo que hice? Hice algo, obtuve algo. No tenía ni idea de que estaba haciendo algo bueno. Mi mano izquierda no sabía lo que estaba haciendo mi mano derecha". Miren: Un bien nunca es tan bueno como cuando usted no sabe que es bueno. O como diría el gran Sufi: "Un santo es santo hasta que lo sabe".

Algunos de ustedes objetan esto. Ustedes dicen: "¿No es el placer que recibo cuando doy, no es eso la vida eterna aquí y ahora?" No sabría decir. Yo llamo al placer, placer, y nada más. Al menos por el momento, hasta que hablemos de la religión, posteriormente. Pero quiero que comprendan algo desde el principio: que la religión no está — repito: *no está* — necesariamente conectada con la espiritualidad. Por favor, mantengan la religión fuera de esto por ahora.

Muy bien, ustedes preguntan: ¿Qué decir del soldado que cae sobre una granada para evitar que ésta hiera a otros? ¿Y qué decir del hombre que subió a un camión lleno de dinamita y lo llevó hasta el campo norteamericano en Beirut? ¿Qué decir de él? "No hay amor más grande que éste". Pero los norteamericanos no lo consideran así. Lo hizo deliberadamente. Era un hombre extraordinario, ¿no es cierto? Pero les aseguro que él no pensaba lo mismo. Él creía que se iría al cielo. Así es. Lo mismo que el soldado que cayó sobre la granada.

Estoy tratando de llegar a visualizar una acción en la que no esté el ego, en la que usted esté despierto y lo que hace lo haga a través de usted. En ese caso, su acción se convierte en una celebración. "Hágase en mí". No estoy excluyendo eso. Pero cuando usted lo hace, estoy buscando el egoísmo. Aunque sea solamente: "Me recordarán como un gran héroe", o "Yo no podría vivir si no lo hiciera. No podría vivir con el pensamiento de que huí". Pero recuerden, no estoy excluyendo el otro tipo de acción. Nunca dije que no hubiera ninguna acción en la que no esté el ego. Tal vez la haya. Tendremos que explorar eso. Una madre que salva a un niño — que salva a *su* hijo, dicen ustedes. Pero ¿a qué se debe que no salve al hijo de su vecina? Es el suyo. Es el soldado que muere por *su* país. Muchas de estas muertes me inquietan. Me pregunto: "¿Son ellas el resultado de un lavado de cerebro?" Los mártires me inquietan. Creo que con frecuencia les lavaron el cerebro. A los mártires musulmanes, a los mártires hindúes, a los mártires budistas, a los mártires cristianos ¡les lavaron el cerebro!

Ellos tienen la idea de que deben morir, de que la muerte es una gran cosa. No sienten nada, van derecho. Pero no todos ellos, de modo que escúchenme bien. No dije que *todos* ellos, pero tampoco excluiría la posibilidad. A muchos comunistas les lavan el cerebro (ustedes están dispuestos a creerlo). Tanto les lavan el cerebro que están dispuestos a morir. A veces pienso que el proceso que usamos para producir, por ejemplo, a un San Francisco Javier, podría ser exactamente el mismo proceso utilizado para producir terroristas. Un hombre podría hacer un retiro espiritual de treinta días, y salir de él inflamado de amor a Cristo, y, sin embargo, sin la menor consciencia de sí mismo. Ni la más mínima. Podría hacer sufrir. Se cree santo. No pretendo hablar mal de Francisco Javier, quien probablemente era un gran santo, pero era difícil vivir con él. Ustedes saben que era un superior terrible, ¡realmente lo era! Hagan una investigación histórica. Ignacio siempre tenía que intervenir para deshacer el daño que este buen hombre hacía por su intolerancia. Hay que ser bastante intolerante para lograr lo que él logró. Adelante, adelante, adelante, adelante, sin importar cuántos cadáveres quedaban a la vera del camino. Algunos críticos de Francisco Javier defienden exactamente eso. Acostumbraba expulsar a los hombres de nuestra Compañía, y ellos apelaban a Ignacio, quien les decía: "Venga a Roma y conversaremos". Y, a hurtadillas, Ignacio volvía a recibirlos. ¿Qué tanta consciencia había en esta situación? Quiénes somos para juzgar, no lo sabemos.

No estoy diciendo que no haya motivaciones puras. Estoy diciendo que ordinariamente todo lo que hacemos es en nuestro propio interés. Todo. Cuando usted hace algo por amor a Cristo, ¿es eso egoísmo? Sí. Cuando hace algo por amor a alguien, lo hace en su propio interés. Tendré que explicarlo: Imagínese usted que vive en Fénix y que alimenta a más de quinientos niños todos los días. ¿Lo hace sentirse bien? ¿Acaso esperaría que lo hiciera sentirse mal? Pero a veces ocurre. Y ello se debe a que algunas personas hacen las cosas *para no sentirse mal*. Y a *eso* lo llaman caridad. Actúan por sentimiento de culpa. Eso no es amor. Pero, a Dios gracias, usted hace cosas por la gente, y eso le parece agradable. ¡Maravilloso! Usted es un individuo sano porque actúa *en su propio interés*. Eso es sano.

Resumiré lo que estaba diciendo sobre la caridad sin egoísmo: Dije que había dos tipos de egoísmo; tal vez debiera haber dicho tres. El primero es cuando me doy el gusto de darme gusto; el segundo es cuando me doy el gusto de agradar a los demás. Uno no debe enorgullecerse de eso; no debe creerse una gran persona; es una persona muy ordinaria, pero tiene gustos refinados. Sus gustos son buenos, no la calidad de su espiritualidad. Cuando era niño, le gustaba la Coca-Cola; ahora es mayor y le gusta una cerveza fría en un día caluroso. Ahora tiene mejor gusto. Cuando era niño, le encantaban los chocolates; ahora que es mayor, le gusta una sinfonía, le gusta un poema. Tiene mejor gusto. Pero de todas maneras está obteniendo su propio placer, con la diferencia de que ahora se trata del placer de agradar a los demás. Luego está un tercer tipo, que es el peor: cuando uno hace algo bueno para no sentirse mal. Hacerlo no lo hace sentirse bien; hacerlo lo hace sentirse mal. Lo detesta. Está haciendo sacrificios por amor, pero se queja. ¡Ah! Qué poco se conoce a sí mismo si cree que no hace cosas de esta manera.

Si me dieran un dólar cada vez que hago cosas que me hacen sentir mal, sería millonario. Ustedes saben cómo es:

— ¿Podría conversar con usted esta noche, padre?

— Sí, ¡por supuesto!

No quiero conversar con él, y odio hacerlo. Quiero ver ese programa de televisión esta noche, pero ¿cómo le digo que no? No tengo el valor para decir que no. "Por supuesto", y estoy pensando: "¡Dios mío, ahora tengo que aguantármelo!"

Conversar con él no me hace sentir bien, y no me hace sentir bien decirle que no, de modo que escojo el menor de dos males, y le digo: "Muy bien, por supuesto". Me voy a sentir feliz cuando esto se acabe y pueda dejar de sonreírle, pero inicio la sesión con él.

— ¿Cómo está usted?

— Maravillosamente — dice, y habla y habla sobre cómo le ha gustado este seminario.

Y yo pienso: "Oh, Dios, ¿cuándo irá al grano?" Por fin se concreta al asunto, y yo, metafóricamente, lo estrello contra la pared; le digo:

— Bueno, cualquier idiota podría solucionar ese problema — y lo despido.

"¡Al fin! Me libré de él", digo. Y a la mañana siguiente,

durante el desayuno (porque lamento haber sido tan descortés), me le acerco y le digo:

— ¿Cómo van las cosas?

— Bastante bien — contesta, y luego agrega —: Mire, lo que me dijo anoche realmente me ayudó. ¿Podemos volver a conversar, después de almuerzo?

¡Dios mío!

Ése es el peor tipo de caridad, cuando uno hace algo para no sentirse mal. No tiene el valor de decir que quiere que no lo molesten. ¡Quiere que la gente piense que es un buen sacerdote! Cuando alguien manifiesta: "A mí no me gusta lastimar a la gente", yo le digo: "¡No me diga! No se lo creo". No le creo a nadie que diga que no le gusta lastimar a la gente. Nos encanta lastimar a la gente, especialmente a algunas personas. Nos encanta. Y cuando es otra persona la que lastima a alguien, nos regocijamos. Pero no queremos nosotros mismos lastimar a otros ¡porque eso nos lastima *a nosotros!* Ahí lo tienen. Si somos nosotros los que lastimamos, los demás pensarán mal de nosotros. No nos apreciarán, hablarán contra nosotros y ¡eso no nos gusta!

❋
¿QUÉ LE PREOCUPA?

La vida es un banquete. Y lo trágico es que la mayoría de las personas se están muriendo de hambre. Realmente, de eso es de lo que estoy hablando. Hay una bonita historia sobre unas personas que se hallaban en una balsa a cierta distancia de la costa del Brasil, y se estaban muriendo de sed. No sabían que el agua en que estaban flotando era dulce. El río entraba en el mar con tanta fuerza que penetraba en él más de tres kilómetros, de modo que tenían agua dulce allí mismo. Pero no lo sabían. De la misma manera, estamos rodeados de alegría, de felicidad, de amor. La mayoría de los seres humanos no lo saben. La razón: les lavaron el cerebro. La razón: están hipnotizados, están dormidos. Imagínense un mago que hipnotiza a alguien de manera que la persona ve lo que no está ahí y no ve lo que está ahí. De eso se trata. Arrepiéntanse y acepten la buena nueva. ¡Arrepiéntanse! ¡Despierten! No lloren por sus pecados. ¿Por qué llorar por pecados que cometieron cuando estaban dormidos? ¿Van a llorar por lo que hicieron en estado hipnótico? ¿Por qué quieren ser como una persona hipnotizada? ¡Despierten! ¡Despierten! ¡Arrepiéntanse! Tengan una mente nueva. ¡Adopten una nueva manera de ver las cosas! Porque "¡el reino está aquí!" Son pocos los cristianos que toman eso en serio. Ya les dije a ustedes que lo primero que necesitan hacer es despertar, reconocer el hecho de que no les gusta que los despierten. Les gustaría más tener todas las cosas que, en su estado hipnótico, les hicieron creer que eran tan preciosas y tan importantes para usted, y para su vida y su supervivencia. Además, comprendan. Comprendan que tal vez tienen ideas equivocadas, y que son estas ideas las que están influyendo en su vida y convirtiéndola en el desastre que es y manteniéndolos dormidos. Ideas sobre el amor, ideas sobre la libertad, ideas sobre la felicidad, y otras ideas. Y no es fácil escuchar a alguien que cuestiona esas ideas que son tan preciosas para ustedes.

Se han hecho estudios interesantes sobre el lavado de cerebro. Se ha revelado que le lavaron el cerebro a alguien cuando adopta o "introyecta" una idea que no es suya, que es de otro. Y lo increíble es que esa persona estaría dispuesta a morir por esa idea. ¿No es extraño? La primera prueba de que a una persona le lavaron el cerebro e introyectó convicciones y creencias tiene lugar cuando se atacan esas convicciones y creencias. Se siente aturdida, reacciona emocionalmente. Ésa es una buena señal — no infalible, pero sí una buena señal — de que se trata de lavado de cerebro. La persona está dispuesta a morir por una idea que nunca fue suya. Los terroristas o los santos (así llamados) aceptan una idea, la tragan entera, y están dispuestos a morir por ella. No es fácil escuchar, especialmente cuando uno se pone emocional respecto a una idea. Y aunque no se ponga emocional, no le es fácil escuchar; siempre escucha de acuerdo con su programación, con sus condicionamientos, con su estado hipnótico. Con frecuencia interpreta todo lo que se dice en función de su estado hipnótico, o de su condicionamiento, o de su programación. Como esta joven que está escuchando una conferencia sobre agricultura y dice: "Excúseme, señor, estoy completamente de acuerdo con usted en que el mejor abono es el abono de caballo maduro. ¿Nos podría decir qué edad debe tener el caballo?" ¿Ven en función de qué habla ella? Todos tenemos nuestras opiniones, ¿no es verdad? Y escuchamos *en función* de esas opiniones. "Enrique, ¡cómo has cambiado! Eras tan alto y ahora eres tan bajo. Eras tan fornido y ahora eres tan delgado. Eras tan rubio y ahora eres tan moreno. ¿Qué te pasó, Enrique?" Enrique dice: "Yo no soy Enrique. Soy Juan". "Ah, ¡cambiaste hasta de nombre!" ¿Cómo hacer que personas así escuchen?

Lo más difícil en el mundo es escuchar, es ver. No queremos ver. ¿Creen ustedes que un capitalista quiere ver lo que hay de bueno en el sistema comunista? ¿Creen ustedes que un comunista quiere ver lo que hay de bueno y saludable en el sistema capitalista? ¿Creen ustedes que un rico quiere mirar a los pobres? No queremos mirar, porque si lo hacemos, podríamos cambiar. No queremos mirar. Si uno mira, pierde el control de la vida que tiene tan precariamente armada. Y por eso, para poder despertar, lo que más necesita uno no es energía, ni fuerza, ni juventud, ni siquiera una gran inteligencia. Lo que necesita por encima de todo es estar dispuesto a aprender algo nuevo. Las posibilidades de despertar están en proporción directa a la cantidad de verdad que uno puede aceptar sin huir. ¿Cuánta verdad están ustedes dispuestos a aceptar? De todas las cosas que aman, ¿cuántas están dispuestos a ver destruidas, sin huir? ¿Cuán dispuestos están a pensar en algo que no les sea familiar?

La primera reacción es de temor. No es que temamos lo

desconocido. Uno no puede temer lo que no conoce. Nadie teme lo desconocido. Lo que uno realmente teme es la pérdida de lo conocido. Eso es lo que teme.

A manera de ejemplo, dije que todo lo que hacemos está tocado de egoísmo. No es fácil oír eso. Pero piensen por un minuto, profundicemos un poco más en eso: Si todo lo que ustedes hacen proviene del egoísmo — ilustrado o no — ¿cómo los hace sentir eso a ustedes con respecto a su caridad y a todas sus buenas obras? ¿Qué les pasa a ellas? He aquí un pequeño ejercicio: Piensen en todas las buenas obras que han hecho, o en algunas de ellas (porque sólo les voy a dar unos pocos segundos). Ahora comprendan que realmente surgieron del egoísmo, supiéranlo ustedes o no. ¿Qué le pasa a su orgullo? ¿Qué le pasa a su vanidad? ¿Qué les pasa a esos agradables sentimientos suyos, a esa palmadita de felicitación en la espalda cada vez que hizo algo que lo hacía sentir tan caritativo? Todo queda aplastado, ¿no es así? ¿Qué le pasa a ese sentimiento de superioridad frente a su vecino a quien usted consideraba tan egoísta? Todo cambia, ¿no es verdad? "Bueno", dirá usted, "mi vecino tiene gustos menos refinados que los míos".

Usted es una persona peligrosa, realmente lo es. Parece que Jesucristo tuvo menos problemas con otra clase de personas que con la clase de usted. Muchos menos problemas. Él tuvo problemas con personas que realmente estaban convencidas de que eran buenas. Las personas de otra clase parece que no le crearon muchos problemas, las que eran abiertamente egoístas y lo sabían. ¿Pueden ver ustedes cuán liberador es eso? ¡Vamos, despierten! Eso es liberador. ¡Es maravilloso! ¿Está usted deprimido? Tal vez lo esté. ¿No es maravilloso darse cuenta de que usted no es mejor que nadie en el mundo? ¿No es maravilloso? ¿Está desilusionado? ¡Mire lo que hemos sacado a la luz! ¿Qué le pasa a su vanidad? A usted le gustaría sentir que es mejor que otros. Pero mire cómo hemos sacado a la luz esa falacia.

❄
BUENO, MALO, O AFORTUNADO

En mi opinión, el egoísmo parece provenir de un instinto de conservación, el primero y el más profundo de nuestros instintos. ¿Cómo podemos optar por el desinterés? Sería casi como optar por la inexistencia. En mi opinión, podría parecer lo mismo que no existir. Comoquiera que sea, lo que estoy diciendo es: No se sienta mal por ser egoísta; todos somos iguales. Una vez alguien dijo algo terriblemente hermoso sobre Jesús; quien lo dijo ni siquiera era cristiano: "Lo más hermoso acerca de Jesús es que estaba a gusto con los pecadores, porque comprendía que no era mejor que ellos". Somos distintos de los demás — por ejemplo, de los criminales — sólo en lo que hacemos o no hacemos, *no en lo que somos*. La única diferencia entre Jesús y los demás era que él estaba despierto y ellos no. Mire a las personas que se ganan la lotería. ¿Dicen: "Me siento orgulloso de aceptar este premio, no para mí sino para mi nación y mi sociedad"? ¿Hay alguien que diga eso cuando se gana una lotería? No. Porque fueron *afortunados, afortunados*. De modo que se ganaron la lotería, el primer premio. ¿Eso puede ser motivo de orgullo de algún modo?

De la misma manera, si usted logra despertar, lo haría en su propio interés, y sería afortunado. ¿Quiere gloriarse de eso? ¿De qué se puede gloriar? ¿No puede darse cuenta de lo absolutamente estúpido que es vanagloriarse de sus buenas obras? El fariseo no era un hombre malo, era estúpido. No se detenía a pensar. Alguien dijo cierta vez: "No me atrevo a detenerme a pensar, porque si lo hiciera, no sabría cómo volver a empezar".

❄
NUESTRAS ILUSIONES RESPECTO DE LOS DEMÁS

De manera que si usted se detiene a pensar, verá que, al fin y al cabo, uno no tiene por qué estar orgulloso de nada. ¿Qué le hace esto a su relación con la gente? ¿De qué se queja? Un joven vino a quejarse de que su novia lo había desilusionado, que lo había traicionado. ¿De qué se queja? ¿Esperaba algo mejor? Espere lo peor, usted está tratando con gente egoísta. Usted es el idiota; usted la glorificó, ¿no es así? Usted pensó que ella era una princesa, que la gente era buena. ¡No, no es! No es buena. Es tan mala como usted; mala, ¿me entiende? Está dormida, lo mismo que usted. ¿Y qué cree usted que la gente pretende? Satisfacer su propio interés, lo mismo que usted. No hay ninguna diferencia. ¿Puede usted imaginarse cómo es de liberador saber que usted nunca volverá a desilusionarse, nunca volverá a decepcionarse? Nunca volverá a sentirse traicionado. Nunca se sentirá rechazado. ¿Quiere despertar? ¿Quiere la felicidad? ¿Quiere la libertad? Aquí está: Renuncie a sus falsas ideas. Mire a través de la gente. Si mira a través de usted mismo, mirará a través de todos los demás. Entonces los amará. Si no es así, estará todo el tiempo luchando con las ideas equivocadas que usted tiene acerca de ellos, con sus ilusiones que constantemente se estrellan contra la realidad.

Tal vez es demasiado alarmante para muchos de ustedes entender que se puede *esperar* que todos los seres humanos — excepto los pocos que han despertado — sean egoístas y busquen su propio interés, bien sea en forma ruda o en forma refinada. Esto los lleva a ver que no hay por qué desilusionarse de nada, no hay por qué decepcionarse de nada. Si hubieran estado todo el tiempo en contacto con la realidad, no se habrían decepcionado. Pero decidieron pintar a la gente de colores brillantes; decidieron no mirar a través de los seres humanos porque decidieron no mirar a través de ustedes mismos. Entonces ahora pagan el precio.

Antes de discutir esto, les contaré una historia. Una vez alguien preguntó: "¿Cómo es la iluminación? ¿Cómo es el despertar?" Es como el vagabundo de Londres que se estaba acomodando para pasar la noche. A duras penas había conseguido un pedazo de pan para comer. Entonces llegó a un malecón, junto al río Támesis. Estaba lloviznando, y se envolvió en su viejo abrigo. Ya iba a dormirse cuando de repente se acercó un Rolls-Royce manejado por un conductor. Una hermosa joven descendió del automóvil y le dijo:

— Mi pobre hombre, ¿va a pasar la noche en este malecón?

— Sí — le contestó el vagabundo.

— No lo permitiré — le dijo ella —. Usted se viene conmigo a mi casa y va a pasar la noche cómodamente y a tomar una buena cena.

La joven insistió en que subiera al automóvil. Bien, salieron de Londres, y llegaron a un lugar en donde ella tenía una gran mansión con amplios jardines. Los recibió el mayordomo, a quien la joven le dijo: "Jaime, cerciórese de que a este hombre lo lleven a las habitaciones de los sirvientes y lo traten bien". Y Jaime obró como le dijo. La joven se había desvestido y estaba a punto de acostarse cuando recordó a su huésped. Entonces se puso algo encima y fue hasta las habitaciones de los sirvientes. Vio una rendija de luz en la habitación en la que acomodaron al vagabundo. Llamó suavemente a la puerta, la abrió, y encontró al hombre despierto. Le dijo:

— ¿Qué sucede, buen hombre, no le dieron una buena cena?

— Nunca había comido tan bien en mi vida, señora — le contestó el vagabundo.

— ¿Está usted bien caliente?

— Sí, la cama es hermosa y está tibia.

— Tal vez usted necesita compañía — le dice ella —. Córrase un poquito.

Se le acercó, y él se corrió, y cayó directo al Támesis.

¡Ja! ¡Ésa no la esperaban! ¡Iluminación! ¡Iluminación! ¡Despierten! Cuando estén dispuestos a cambiar sus ilusiones por la realidad, cuando estén dispuestos a cambiar sus sueños por hechos, entonces encontrarán todo. Así es como la vida finalmente tiene sentido. La vida se vuelve hermosa.

Hay una historia sobre Ramírez. Él es viejo, y vive en su castillo en la colina. Mira por la ventana (está en cama y paralítico) y ve a su enemigo. A pesar de ser viejo, su enemigo está subiendo por la colina, apoyado en un bastón, despacio, con dificultad. Tarda alrededor de dos horas y media en subir la colina. Ramírez no puede hacer nada porque los sirvientes tienen el día libre. Entonces su enemigo abre la puerta, entra en la habitación, mete la mano bajo la capa, y saca una pistola. Dice:

— Ramírez, ¡por fin vamos a ajustar cuentas!

Ramírez prueba la mejor manera de disuadirlo. Le dice:

— Vamos, Borgia, usted no puede hacer eso. Usted sabe que ya no soy el hombre que lo maltrató cuando usted era joven hace años, y usted ya no es ese joven. ¡Piénselo!

— Ah, no — le contesta su enemigo —. Sus dulces palabras no me impedirán cumplir esta divina misión. Lo que yo quiero es vengarme, y usted no puede hacer nada para impedirlo.

— ¡Sí puedo hacer algo! — le asegura Ramírez.

— ¿Qué? — le pregunta su enemigo.

— Puedo despertar.

Y, en efecto, ¡despertó! Así es la iluminación. Cuando alguien le dice: "No hay nada que pueda hacer", usted dice: "Sí puedo hacer algo: ¡puedo despertar!" De repente la vida ya no es una pesadilla. ¡Despierten!

Alguien vino a preguntarme algo. ¿Qué creen que fue? Me dijo: "¿Usted recibió la iluminación?" ¿Qué creen que le respondí? ¡No importa!

¿Quieren una respuesta mejor? Mi respuesta sería: "¿Cómo podría yo saberlo? ¿Cómo podría saberlo usted? ¿Qué importa?" ¿Quieren saber una cosa? Si ustedes desean algo demasiado, están metidos en un gran problema. ¿Quieren saber otra cosa? Si yo hubiera obtenido la iluminación y ustedes me escucharan por ello, entonces estarían metidos en un gran problema. ¿Están dispuestos a que alguien que ha obtenido la iluminación les lave el cerebro? ¡Cualquiera puede lavarles el cerebro! ¿Qué importa que alguien haya o no haya logrado el despertar? Pero vean: Queremos apoyarnos en alguien, ¿no es verdad? Queremos apoyarnos en alguien que nosotros creemos que ha llegado a la meta. Nos encanta oír que la gente llegó a la meta. Eso nos da esperanza, ¿no es verdad? ¿Qué es lo que quieren esperar? ¿No es eso otra forma de deseo?

Ustedes quieren esperar algo mejor que lo que tienen ahora, ¿no es así? Si no fuera así, no estarían esperando. Pero entonces olvidan que ustedes lo tienen todo ahora mismo, y no lo saben. ¿Por qué no concentrarse en el presente, en lugar de esperar algo mejor en el futuro? ¿Por qué no comprender el presente en lugar de olvidarlo y de esperar el futuro? ¿No es el futuro sencillamente otra trampa?

❋
LA AUTOOBSERVACIÓN

La única forma en que alguien puede ayudarle es cuestionando sus ideas. Si usted está dispuesto a escuchar, si está dispuesto a ser cuestionado, puede hacer algo, pero *nadie puede ayudarle*. ¿Qué es lo más importante de todo? Es la autoobservación. Nadie puede ayudarle en eso. Nadie puede darle un método. Nadie puede indicarle una técnica. En el momento en que usted adquiera una técnica, vuelve a quedar programado. Pero la autoobservación — observarse a sí mismo — es importante. No es lo mismo que estar absorto en sí mismo. Estar absorto en sí mismo es estar preocupado por sí mismo, estar interesado en sí mismo, estar inquieto acerca de sí mismo. Estoy hablando de la auto*observación*. ¿Qué es eso?

Significa observarlo todo en usted mismo y alrededor de usted tanto como sea posible, y observarlo como si le estuviera sucediendo a otra persona. ¿Qué significa esa última frase? Significa que no personalice lo que le está sucediendo. Significa que mire las cosas como si no tuviera nada que ver con ellas.

La razón por la que usted sufre con su depresión y sus ansiedades es porque se identifica con ellas. Usted dice: "Estoy deprimido". Pero eso es falso. Usted no está deprimido. Si quiere ser preciso, podría decir: "Ahora estoy experimentando una depresión". Pero no puede decir: "Estoy deprimido". Usted no es su depresión. Eso no es sino un extraño truco de la mente, un extraño tipo de ilusión. Usted se engaña a usted mismo, y piensa — aunque no tiene consciencia de ello — que usted *es* su depresión, que usted *es* su ansiedad, que usted *es* su alegría o las emociones que tiene. "¡Yo soy feliz!" Ciertamente usted no es feliz. La felicidad puede estar en usted ahora mismo, pero espere un poco, y eso cambiará; no durará: nunca dura; cambia continuamente: cambia siempre. Las nubes van y vienen: unas son negras y otras son blancas, unas grandes y otras pequeñas. Si queremos seguir con la analogía, usted sería el cielo, y está observando las nubes. Usted es un observador pasivo, desprendido. Eso es sorprendente, especialmente para un occidental. Usted no está interfiriendo. No interfiera. No "arregle" nada. ¡Observe!

El problema con la gente es que se mantiene ocupada arreglando cosas que ni siquiera comprende. Siempre estamos arreglando cosas, ¿no es así? Nunca caemos en la cuenta de que no es necesario arreglar cosas. Realmente no lo es. Ésta es la gran iluminación. Es necesario comprenderlas. Si usted las comprendiera, ellas cambiarían.

✳
CONSCIENCIA SIN EVALUARLO TODO

¿Usted quiere cambiar el mundo? ¿Qué tal empezar por usted mismo? ¿Qué tal transformarse usted primero? Pero ¿cómo se logra eso? Por medio de la observación. Por medio de la comprensión. Sin interferencia o juicio de usted. Porque usted no puede comprender lo que juzga.

Cuando dice de alguien: "Es comunista", se interrumpe en ese momento la comprensión. Usted le puso a esa persona un rótulo. "Ella es capitalista". En ese momento se detiene la comprensión. Le puso un rótulo, y si el rótulo lleva ecos de aprobación o de desaprobación, ¡tanto peor! ¿Cómo va a comprender lo que aprueba, o lo que desaprueba? Todo esto que digo suena como a un mundo nuevo, ¿no es así? Ningún juicio, ningún comentario, ninguna actitud: simplemente observar, estudiar, mirar, sin el deseo de cambiar lo que es. Porque si usted desea cambiar lo que es por lo que usted cree que *debe* ser, deja de comprender. Un entrenador de perros trata de comprender a un perro de manera que pueda entrenarlo para realizar ciertos trucos. Un científico observa el comportamiento de las hormigas sin ningún otro fin distinto de estudiar a las hormigas, de aprender lo más posible sobre ellas. No tiene ningún otro propósito. No intenta entrenarlas o conseguir algo de ellas. Le interesan las hormigas, quiere aprender todo lo que sea posible sobre ellas. Ésa es su actitud. El día que ustedes logren una actitud como ésa, experimentarán un milagro. Cambiarán, sin esfuerzo, correctamente. El cambio ocurrirá, no tendrán que lograrlo. Cuando la vida de la consciencia llegue a la oscuridad de ustedes, desaparecerá todo lo malo. Lo bueno se cultivará. Tienen que experimentar eso ustedes mismos.

Pero para esto se requiere una mente disciplinada. Y cuando digo disciplinada, no me refiero al esfuerzo. Estoy hablando de otra cosa. ¿Alguna vez han estudiado a un atleta? Toda su vida son los deportes, pero qué vida tan disciplinada la que lleva. Y miren un río que se dirige hacia el mar: él crea el cauce que lo contiene. Cuando dentro de uno hay algo que lo mueve en la dirección correcta, crea su propia disciplina. En el momento en que le llega la consciencia. ¡Ah, es maravilloso! Es lo más maravilloso del mundo; lo más importante; lo más maravilloso. No hay nada más importante en el mundo que despertar. ¡Nada! Y, por supuesto, a su manera también es una disciplina.

No hay nada más maravilloso que ser consciente. ¿Preferiría usted vivir en la oscuridad? ¿Preferiría actuar y no ser consciente de sus acciones, hablar y no ser consciente de sus palabras? ¿Preferiría oír a la gente y no ser consciente de lo que está oyendo, o ver las cosas y no ser consciente de lo que está viendo? El gran Sócrates dijo: "La vida sin consciencia no merece ser vivida". Ésa es una verdad evidente. La mayoría de la gente no vive una vida consciente. Vive una vida mecánica, pensamientos mecánicos — por lo general ajenos —, emociones mecánicas, acciones mecánicas, reacciones mecánicas. ¿Quiere ver cuán mecánico es usted realmente? "¡Qué linda camisa tienes!" Usted se siente bien cuando oye eso. ¡Por una camisa, santo cielo! Usted se siente orgulloso cuando oye eso. La gente viene a mi centro en la India y dice: "¡Qué lugar tan encantador, qué árboles tan encantadores!" (de los cuales no tengo ninguna responsabilidad), "¡qué clima tan encantador!" Y ya empiezo a sentirme bien, hasta que me sorprendo sintiéndome bien, y digo: "¿Puede usted imaginarse algo más estúpido que eso?" Yo no soy responsable de esos árboles; no fui responsable de la elección del lugar. No ordené el clima, sencillamente sucedió. Pero el "mi" se metió allí, de modo que me siento bien. Me siento bien sobre "mi" cultura y "mi" nación. ¿Cuán estúpido puede ser uno? Lo digo en serio. Me dicen que mi gran cultura hindú ha producido todos estos místicos. Yo no los produje. Yo no soy responsable de ello. O me dicen: "Ese país suyo y su pobreza — ¡es horrible!" Me avergüenzo. Pero yo no la creé. ¿Qué está pasando? ¿Se detuvo usted alguna vez a pensar? La gente le dice a uno: "Usted es encantador", y uno se siente maravilloso. Obtiene una caricia positiva (de ahí que a eso lo llamen "yo estoy bien, tú estás bien"). Algún día voy a escribir un libro, y el título será *Yo soy un estúpido, tú eres un estúpido*. Eso es lo más liberador, lo más maravilloso del mundo, cuando usted admite públicamente que es un estúpido. Es maravilloso. Cuando la gente me dice: "Usted se equivoca", yo digo: "¿Qué más se puede esperar de un estúpido?"

Desarmados, todos debemos estar desarmados. En la liberación final, yo soy un estúpido, usted es un estúpido. Por lo general, ocurre que yo oprimo un botón y usted se siente bien; oprimo otro botón y usted se siente mal. Y a usted le gusta. ¿Cuántas personas conoce usted que no se dejen afectar por la alabanza o la crítica? Decimos que eso no es humano. Humano significa que usted es un poquito como un mico, de modo que todos pueden influir en usted, y usted hace lo que *debe* hacer. Pero ¿eso es humano? Si les parezco encantador a ustedes, eso quiere decir que en este momento están de buen humor, nada más.

También significa que cumplo sus expectativas. Todos tenemos una lista de expectativas, y es como si usted tuviera que estar de acuerdo con esa lista: alto, trigueño, bien parecido, acorde con *mis* gustos. "Me gusta el timbre de su voz". Usted dice: "Estoy enamorado". No, usted no está enamorado, no sea estúpido. Cuando está enamorado (vacilo en decirlo) usted es particularmente estúpido. Siéntese y observe lo que le está pasando. Está huyendo de sí mismo. Quiere escapar. Alguien dijo cierta vez: "Gracias a Dios por la realidad, y por los medios para escapar de ella". De modo que eso es lo que pasa. Somos muy mecánicos, muy controlados. Escribimos libros sobre el control y lo maravilloso que es ser controlados y sobre lo necesario que es que la gente nos diga que estamos bien. Entonces nos sentimos bien con nosotros mismos. ¡Qué maravilloso es estar en la cárcel! O como alguien me dijo ayer, estar en su jaula. ¿A usted le gusta estar preso? ¿Le gusta que lo controlen? Le diré algo: Si usted se permite sentirse bien cuando la gente le dice que está bien, se está preparando para sentirse mal cuando le digan que no está bien. Mientras viva para cumplir las expectativas de otras personas, es mejor que preste atención a la ropa que usa, a la manera de peinarse, a ver si sus zapatos están brillantes; en resumen, que se fije a ver si cumple todas las malditas expectativas de los demás. ¿Usted cree que eso es humano?

¡Esto es lo que descubrirá cuando se observe a usted mismo! ¡Se horrorizará! La verdad es que usted no está ni bien ni mal. ¡Usted puede estar dentro del actual ambiente o tendencia o moda! ¿Significa eso que está bien? ¿Estar bien depende de eso? ¿Depende de lo que la gente piensa de usted? Según esos criterios, Jesucristo tiene que haber estado muy mal. Usted no está bien ni está mal, usted es usted. Espero que ése sea el gran descubrimiento, al menos para algunos de ustedes. Si tres o cuatro de ustedes descubren esto durante estos días en que estamos juntos, ¡qué cosa tan maravillosa! ¡Extraordinario! Eliminen todo ese cuento de estar bien o no estar bien; eliminen todos los juicios, y, sencillamente, observen, miren. Harán grandes descubrimientos. Estos descubrimientos producirán cambios. No tendrán que hacer el menor esfuerzo, créanme.

Esto me recuerda a un hombre en Londres, después de la guerra. Viaja en un autobús, sentado; tiene encima de las piernas un paquete envuelto en papel de color marrón; es un objeto grande y pesado. El conductor se le acerca y le dice:

— ¿Qué es lo que tiene ahí en las piernas?

— Es una bomba que no explotó — le contesta el hombre —. La encontramos en el jardín, y la llevo a la estación de policía.

El conductor dice:

— Usted no debiera llevar eso en las piernas. Póngala debajo del asiento.

La psicología y la espiritualidad (como generalmente la entendemos) quitan la bomba de las piernas, y la ponen debajo del asiento. No solucionan realmente sus problemas. ¿Alguna vez han pensado en eso? Usted tenía un problema, y ahora lo cambia por otro. Siempre será así hasta que solucionemos ese problema llamado "usted".

❋

LA ILUSIÓN DE LAS RECOMPENSAS

Mientras eso no suceda, no llegaremos a ninguna parte. Los grandes místicos y maestros del Oriente dirán: "¿Quién es *usted?*" Muchos creen que la pregunta más importante es: "¿Quién es Jesucristo?" ¡Se equivocan!

Muchos piensan que es: "¿Dios existe?" ¡Se equivocan! Otros piensan que es: "¿Existe una vida después de la muerte?" ¡Se equivocan! Nadie parece afrontar el problema: ¿Hay una vida *antes* de la muerte? Sin embargo, según mi experiencia, son precisamente los que no saben qué hacer con *esta* vida los que viven preocupados por lo que van a hacer con la *otra* vida. Una señal de que usted despertó es que no le importa un comino lo que va a suceder en la próxima vida. A usted no le preocupa; no le importa. No le interesa, y punto.

¿Saben ustedes lo que es la vida eterna? Ustedes creen que es la vida interminable. Pero sus propios teólogos les dirán que eso no es, porque lo interminable todavía está dentro del tiempo. Es el tiempo que no se acaba. Lo eterno significa atemporal — por fuera del tiempo. La mente humana no puede comprender eso. La mente humana puede comprender el tiempo y negar el tiempo. Lo que es atemporal está más allá de nuestra comprensión. Sin embargo, los místicos nos dicen que la eternidad es ahora mismo. ¿Cómo les parece esa buena noticia? Es ahora mismo. La gente se preocupa mucho cuando le digo que olvide su pasado. Está muy orgullosa de su pasado. O se avergüenza mucho de su pasado. ¡La gente está loca! ¡Olvídenlo! Cuando oigan "Arrepiéntanse de su pasado", dense cuenta de que se trata de una gran distracción religiosa que les impedirá despertar. ¡Despierten! Eso es lo que significa el arrepentimiento. No "lloren por sus pecados". ¡Despierten! Comprendan, dejen de llorar.

❆

ENCONTRARSE A SÍ MISMO

Los grandes maestros nos dicen que la pregunta más importante del mundo es: "¿Quién soy yo?" O más bien: "¿Qué es «yo»?" ¿Qué es esto que llamo "yo"? ¿Quiere decirme que usted comprendía todas las demás cosas del mundo y no comprendía esto? ¿Quiere decirme que comprendía la astronomía y los agujeros negros y los quasares y que aprendió la ciencia de la computación, y que no sabe quién es usted? Todavía está dormido. Es un científico dormido. ¿Quiere decirme que comprendió quién es Jesucristo y que no sabe quién es usted? ¿Cómo sabe que comprendió a Jesucristo? ¿Quién es la persona que comprende? Primero averigüe eso. Eso es la base de todo, ¿verdad? Por no haber comprendido esto están todas esas personas religiosas empeñadas en todas esas estúpidas guerras religiosas — musulmanes contra judíos, protestantes contra católicos, y toda esa tontería. No saben quiénes son, porque si lo supieran, no habría guerras. Como la niña que le dice a un niño: "¿Ustedes son presbiterianos?", y él le contesta: "No, ¡pertenecemos a otra abominación!"

Pero lo que me gustaría subrayar ahora es la autoobservación. Usted me está escuchando, pero ¿está usted oyendo algo más, además del sonido de mi voz? ¿Es consciente de *sus* reacciones cuando me escucha? Si no es así, le van a lavar el cerebro. O va a ser influenciado por fuerzas internas de las cuales no tiene ningún conocimiento. Y aunque sea consciente de cómo reacciona a mí, ¿también es consciente de dónde proceden sus reacciones? Tal vez ni siquiera me está escuchando; tal vez es su padre quien me está escuchando. ¿Cree que eso es posible? Por supuesto que sí. En mis grupos de terapia, me encuentro una y otra vez con personas que no están presentes. Está su padre, está su madre, pero ellas no están. Nunca estuvieron presentes. "Ahora vivo, no yo, sino mi padre que vive en mí". Bien, eso es absolutamente, literalmente verdad. Yo podría desarmarlo a usted, pieza por pieza, y preguntarle: "Bueno, esta frase, ¿viene de su padre, de su madre, de su abuela, de su abuelo, de quién?"

¿Quién vive en usted? Es terrible cuando se llega a saber eso. Usted cree que es libre, pero probablemente no hay un gesto, un pensamiento, una emoción, una actitud, una creencia que no venga de otra persona. ¿No es horrible? Y usted no lo sabe. Se trata de una vida mecánica que le fue impuesta. Usted tiene opiniones sólidas sobre ciertas cosas, y cree que es usted el que las tiene; pero, ¿realmente es usted? Usted va a necesitar mucha consciencia para que pueda entender que tal vez eso que usted llama "yo" es sencillamente un conglomerado de sus experiencias pasadas, de sus condicionamientos y su programación.

Eso duele. Realmente, cuando uno está empezando a despertar, siente mucho dolor. Es doloroso ver sus ilusiones destruidas. Todo lo que creía que había construido se derrumba, y eso es doloroso. De eso se trata el arrepentimiento; de eso se trata el despertar. Por eso, ¿qué tal que dedique usted un minuto ahora mismo, ahí donde está sentado, a ser consciente, mientras hablo, de lo que siente en su cuerpo, de lo que pasa por su mente, y de cómo es su estado emocional? ¿Qué tal ser consciente del tablero, si tiene los ojos abiertos, y del color de estas paredes y del material del que están construidas? ¿Qué tal ser consciente de mi rostro y de sus reacciones a este rostro mío? Porque usted reacciona, aunque no se dé cuenta. Y probablemente esa reacción no es de usted sino que la tiene porque lo condicionaron para que la tuviera. ¿Y qué tal ser consciente de algunas de las cosas que acabo de decir? Aunque eso no sería consciencia, porque ahora sería solamente memoria.

Sea consciente de su presencia en esta sala. Dígase: "Estoy en esta sala". Es como si estuviera fuera de usted mismo, mirándose a usted mismo. Note un sentimiento ligeramente diferente del que tendría si estuviera mirando las cosas de la sala. Más tarde preguntaremos: "¿Quién es la persona que está mirando?" Yo me miro a mí mismo. ¿Qué es "yo"? ¿Qué es "mí"? Por el momento es suficiente que yo me mire a mí mismo, pero si encuentra que usted se está condenando a usted mismo o se aprueba a usted mismo, no interrumpa la condenación y no detenga el juicio o la aprobación, simplemente mírela. Me estoy condenando a mí mismo; me estoy desaprobando a mí mismo; me estoy aprobando a mí mismo. Simplemente mírelo, y punto. ¡No trate de cambiarlo! No diga: "Ay, nos dijeron que no hiciéramos esto". Sencillamente, observe lo que sucede. Como les dije antes, la observación de sí mismo significa mirar — observar lo que sucede en uno y alrededor de uno, como si le estuviera sucediendo a otra persona.

LA REDUCCIÓN AL "YO"

Ahora les sugiero otro ejercicio: Escriban en una hoja de papel cualquier forma breve en que ustedes se describirían; por ejemplo, hombre de negocios, sacerdote, ser humano, católico, judío, cualquier cosa.

Me doy cuenta de que algunos escriben cosas como fructífero, peregrino en búsqueda, competente, vivo, impaciente, centrado, flexible, reconciliador, amante, miembro de la especie humana, demasiado estructurado. Confío en que esto sea el resultado de observarse uno a sí mismo. Como si estuviera observando a otra persona.

Pero dénse cuenta, el "yo" está observándome a "mí". Éste es un fenómeno interesante que nunca ha dejado de asombrar a los filósofos, místicos, científicos, psicólogos, que el "yo" pueda observarme a "mí". Parece que los animales no son capaces de hacer esto. Parece que se necesita cierta cantidad de inteligencia para poder hacerlo. Lo que voy a decirles ahora no es metafísica; no es filosofía. Es sencilla observación y sentido común: Los grandes místicos del Oriente se refieren realmente al "yo", no al "mí". De hecho, algunos de estos místicos nos dicen que empezamos primero con las cosas, con una consciencia de las cosas; después pasamos a una consciencia de los pensamientos (es decir, del "mí"); y finalmente obtenemos una consciencia del pensador. Las cosas, los pensamientos, el pensador. Al que realmente estamos buscando es al pensador. ¿Puede el pensador conocerse a sí mismo? ¿Puedo saber qué es el "yo"? Algunos de estos místicos responden: "¿Puede el cuchillo cortarse a sí mismo? ¿Puede el diente morderse a sí mismo? ¿Puede el ojo verse a sí mismo? ¿Puede el «yo» conocerse a sí mismo?" Pero ahora estoy pensando en algo mucho más práctico, que es decidir qué *no* es el "yo". Iré tan lentamente como sea posible porque las consecuencias son devastadoras. Maravillosas o aterradoras, según el punto de vista de cada cual.

Escuchen esto: ¿Yo soy mis pensamientos, los pensamientos que estoy pensando? No. Los pensamientos van y vienen; yo no soy mis pensamientos. ¿Soy mi cuerpo? Nos dicen que millones de células de nuestro cuerpo cambian o se renuevan cada minuto, de manera que después de siete años no tenemos en nuestro cuerpo una sola célula viva de las que había en él hace siete años. Las células van y vienen. Las células se forman y mueren. Pero el "yo" parece que permanece. De manera que ¿yo soy mi cuerpo? ¡Es evidente que no!

El "yo" es algo diferente del cuerpo; es algo más. Podría decirse que el cuerpo es parte del "yo", pero es una parte que cambia. Se mueve continuamente, cambia continuamente. Le seguimos dando el mismo nombre, pero él cambia constantemente. Así como les damos el mismo nombre a las Cataratas del Niágara aunque las Cataratas del Niágara estén constituidas por agua que cambia continuamente. Usamos el mismo nombre para una realidad que siempre está cambiando.

¿Y, en cuanto a mi nombre? ¿"Yo" es mi nombre? Evidentemente, no. No porque puedo cambiarme de nombre sin que cambie mi "yo". ¿Mi carrera? ¿Mis creencias? Digo que soy católico, judío. ¿Es eso una parte esencial del "yo"? Cuando paso de una religión a otra, ¿ha cambiado el "yo"? ¿Tengo un nuevo "yo" o es el mismo "yo" que ha cambiado? En otras palabras, ¿es mi nombre una parte esencial de mí, del "yo"? ¿Es mi religión una parte esencial del "yo"? Ya mencioné a la niña que le dijo al niño: "¿Eres presbiteriano?" Bien, alguien me contó otra historia, acerca de Patricio. Patricio va por una calle en Belfast y siente un revólver en la nuca; una voz le dice: "¿Es usted católico o protestante?" Bien, Patricio tenía que pensar de prisa. Dice: "Yo soy judío". Y la voz le dice: "Yo soy el árabe más afortunado de toda Belfast". Los rótulos nos importan mucho. "Yo soy republicano", dice usted. Pero, ¿sí es realmente? Es imposible que usted quiera decir que cuando cambia de partido cambia de "yo". ¿No se trata del mismo viejo "yo" con nuevas convicciones políticas? Recuerdo haber oído acerca de un hombre que le pregunta a un amigo:

— ¿Piensas votar por los republicanos?

— No, voy a votar por los demócratas — le contesta el amigo —. Mi padre era demócrata, mi abuelo era demócrata, y mi bisabuelo era demócrata.

— Esa lógica es loca — dice el otro —. Es decir, si tu padre hubiera sido ladrón de caballos, y tu abuelo hubiera sido ladrón de caballos, y tu bisabuelo hubiera sido ladrón de caballos, ¿qué serías tú?

— Ah — respondió el amigo —, entonces sería republicano.

Dedicamos mucho tiempo en la vida a reaccionar a los rótulos, los nuestros y los de los demás. Identificamos los rótulos con el "yo". Católico y protestante son rótulos frecuentes. Cierta vez un hombre fue a ver a un sacerdote y le dijo:

— Padre, quiero que diga una misa por mi perro.

El sacerdote se indignó:

— ¿Cómo así? ¿Decir una misa por su perro?

— Era mi perro consentido — le contestó el hombre —. Yo amaba a ese perro, y me gustaría que usted dijera una misa por él.

— Aquí no decimos misas por perros — replicó el sacerdote —. Pruebe en la iglesia vecina. Pregunte si pueden celebrarle un servicio.

Cuando el hombre estaba por irse, le dijo al sacerdote:

— Es una lástima. Realmente yo amaba a ese perro. Iba a pagarle un millón de dólares por la misa.

Y el sacerdote dijo:

— Espere un momento, usted no me había dicho que su perro fuera católico.

Cuando usted está atrapado por los rótulos, ¿qué valor tienen esos rótulos, en cuanto al "yo"? ¿Podríamos decir que el "yo" no es ninguno de los rótulos que le adjudicamos? Los rótulos pertenecen al "mí". Lo que cambia constantemente es el "mí". ¿El "yo" cambia alguna vez? ¿Cambia alguna vez el observador? El hecho es que cualquier rótulo en que usted piense (excepto quizá ser humano) debe aplicarlo al "mí". "Yo" no es ninguna de esas cosas. De manera que cuando usted sale de usted mismo y observa el "mí", ya no se identifica con el "mí". El sufrimiento existe en el "mí", de manera que cuando usted identifica el "yo" con el "mí", empieza el sufrimiento.

Diga que tiene miedo, o deseos, o ansiedad. Cuando el "yo" no se *identifica* con el dinero, o el nombre, o la nacionalidad, o las personas, o los amigos, o con cualquier cualidad, el "yo" nunca está amenazado. Puede ser muy activo, pero nunca está amenazado. Piense en cualquier cosa que le ha causado o que le causa dolor o preocupación o ansiedad. En primer lugar, puede identificar el deseo bajo el sufrimiento; hay algo que usted desea ardientemente, o no habría sufrimiento. ¿Qué es ese deseo? En segundo lugar, no es sencillamente un deseo; hay una *identificación*. De alguna manera, usted se dijo a usted mismo: "El bienestar del «yo», casi la existencia del «yo», está ligada con este deseo". Todo sufrimiento es causado por identificarme con algo, sea que ese algo esté dentro de mí o fuera de mí.

❄

SENTIMIENTOS NEGATIVOS HACIA LOS DEMÁS

En una de mis conferencias alguien hizo el siguiente comentario:

"Quiero compartir con usted algo maravilloso que me sucedió. Fui a cine un día; poco tiempo después, estaba trabajando y realmente tenía problemas con tres personas en mi vida. De manera que dije: «Bueno, así como aprendí en el cine, voy a salir de mí mismo». Durante un par de horas me puse en contacto con mis sentimientos, con lo mal que me sentía hacia estas tres personas. Dije: «Realmente odio a esas personas». Después dije: «Jesús, ¿qué puedes hacer al respecto?» Un poco más tarde me puse a llorar, porque me di cuenta de que Jesús había muerto por esas personas y, de todos modos, ellas no podían evitar ser como eran. Esa tarde tenía que ir a la oficina; allí hablé con esas personas. Les conté mi problema, y ellas estuvieron de acuerdo. Ya no estaba furioso con ellas, y ya no las odiaba".

Siempre que usted tiene un sentimiento negativo hacia alguien, está viviendo en una ilusión. Algo grave le sucede. No está viendo la realidad. Algo en su interior tiene que cambiar. Pero ¿eso es lo que generalmente hacemos cuando tenemos un sentimiento negativo? "Él tiene la culpa, ella tiene la culpa. Ella tiene que cambiar". ¡No! El mundo está bien. El que tiene que cambiar es *usted*.

Uno de ustedes dijo que trabajaba en una institución. Durante una reunión del personal, alguien solía decir, inevitablemente: "La alimentación de aquí es pésima", y la nutricionista se salía de casillas. Se había identificado con la alimentación, y decía: "El que ataque la alimentación me ataca a mí; me siento amenazada". Pero el "yo" nunca está amenazado; solamente el "mí" es amenazado.

Pero supongamos que usted presencia una injusticia evidente, algo que está obvia y objetivamente mal. ¿No sería una reacción apropiada decir que esto no debiera suceder? ¿De alguna manera usted debe involucrarse en la corrección de una situación que está mal? Alguien maltrata a un niño, y usted ve el abuso. ¿Qué hacer frente a algo como eso? Espero que no haya dado por sentado que yo dije que no debía hacer nada. Dije que si usted no tuviera sentimientos negativos sería mucho más eficiente, *mucho* más eficiente. Porque cuando entran en juego los sentimientos negativos, usted se vuelve ciego. Aparece el "mí", y todo se desorganiza. En donde antes teníamos un problema, ahora tenemos dos problemas. Muchos suponen erróneamente que si uno no tiene sentimientos

negativos como la ira, el resentimiento y el odio significa que
no debe hacer nada frente a una situación. ¡Ah, no, no, no!
Usted no se siente emocionalmente afectado, pero actúa de
inmediato. Se vuelve muy sensible a las cosas y a las personas
que lo rodean. Lo que mata la sensibilidad es lo que mucha
gente llamaría el ego condicionado: cuando uno se identifica
tanto con el "mí" que hay demasiado "mí" para poder ver las
cosas objetivamente, con desprendimiento. Es muy importante que cuando usted actúe pueda ver las cosas con desprendimiento. Pero las emociones negativas se lo impiden.

Entonces ¿cómo llamaríamos ese tipo de pasión que activa
la energía para hacer algo respecto a los males objetivos? Sea
lo que sea, no es una *reacción;* es una acción.

Algunos de ustedes se preguntan si existe un área gris antes
de que algo se convierta en un apego, antes de que tenga lugar
la identificación. Digamos que se muere un amigo. Parece bien
y muy humano sentir algo de tristeza. Pero ¿qué reacción?
¿Compasión de sí mismo? ¿Qué será lo que le produce aflic-
ción? Piense en eso. Lo que estoy diciendo le parecerá terrible,
pero ya le dije, vengo de otro mundo. Su reacción es de pérdida
personal, ¿verdad? Le produce lástima el "mí", o se conduele
de otras personas a quienes su amigo alegraba. Pero eso
quiere decir que le producen lástima otras personas a quienes
les producen lástima ellas mismas. Si no se conduelen de ellas
mismas, ¿de qué podrían condolerse? Nunca sentimos tristeza
cuando perdemos algo a lo que le hemos permitido ser libre,
que no hemos tratado de poseer. La tristeza es una señal de
que hice depender mi felicidad de esta cosa o persona, al
menos en alguna medida. Estamos tan acostumbrados a oír
lo contrario de esto, que lo que digo suena inhumano, ¿no es
verdad?

❋
SOBRE LA DEPENDENCIA

Es lo que todos los místicos nos han dicho. No estoy diciendo que el "mí", el yo condicionado, no regrese algunas veces a sus esquemas habituales. Así es como hemos sido condicionados. Pero surge la pregunta de si es concebible vivir una vida en la que usted esté tan totalmente solo que no dependa de nadie.

Todos dependemos unos de otros para todo tipo de cosas, ¿no es verdad? Dependemos del carnicero, del panadero, del fabricante de velas. Interdependencia. ¡Eso está bien! Organizamos la sociedad de esta manera, y les asignamos funciones diferentes a personas diferentes para el bienestar de todos, de manera que funcionemos mejor y vivamos con mayor eficacia — al menos así lo esperamos. Pero depender psicológicamente de otra persona — depender emocionalmente de otra persona — ¿qué implica eso? Significa depender de otro ser humano para mi felicidad.

Piense en eso. Porque si lo hace, la próxima cosa que usted va a hacer — tenga consciencia de ello o no — es *exigir* que los demás contribuyan a su felicidad. Entonces habrá otro paso: temor, temor a perder, temor a estar alienado, temor a ser rechazado, un control mutuo. El amor perfecto expulsa el temor. En donde hay amor no hay exigencias, no hay expectativas, no hay dependencia. Yo no exijo que usted me haga feliz; mi felicidad no está en usted. Si usted me dejara, no me condolería de mí mismo; yo disfruto enormemente de su compañía, pero no me aferro.

Yo disfruto sin aferrarme. Lo que realmente disfruto no es usted; es algo más grande que usted y yo. Es algo que descubrí, una especie de sinfonía, una especie de orquesta que interpreta una melodía en su presencia, pero cuando usted se va, la orquesta no se detiene. Cuando me encuentro con otra persona, la orquesta interpreta otra melodía, la cual también es agradable. Y cuando estoy solo, continúa tocando. Tiene un gran repertorio y nunca deja de tocar.

De eso se trata el despertar. También por eso estamos hipnotizados, nos lavan el cerebro, estamos dormidos. Parece terrible preguntar, pero ¿puede decirse que usted me ama si se aferra y no me deja ir? ¿Si no me permite ser? ¿Puede decirse que me ama si me necesita psicológica o emocionalmente para su felicidad? Esto contradice la enseñanza universal de todas las escrituras, todas las religiones, todos los místicos. "¿Cómo pudimos pasarlo por alto durante tantos años?" Repetidamente me digo a mí mismo: "¿Cómo fue posible que no lo viera?" Cuando uno lee esas cosas radicales en las escrituras, se pregunta: ¿Este hombre está loco? Pero después de un tiempo, empieza a pensar que todos los demás están locos. "Si no renuncias a todo lo que posees, no puedes ser mi discípulo". Hay que dejarlo todo. No se trata de un renunciamiento físico, comprendan; eso es fácil. Cuando sus ilusiones se acaban, por fin uno está en contacto con la realidad, y créame, nunca volverá a sentirse solo, nunca más. La soledad no se cura con la compañía humana. La soledad se cura con el contacto con la realidad. Tengo muchísimo que decir sobre eso. El contacto con la realidad, la desaparición de nuestras ilusiones, el contacto con lo real. Sea lo que sea, no tiene nombre. Solamente podemos conocerlo abandonando lo que es irreal. Usted puede saber lo que es la soledad solamente cuando deja de aferrarse, cuando renuncia a su dependencia. Pero el primer paso para lograrlo es que lo vea como deseable. Si no lo ve como deseable, ¿cómo puede llegar a acercarse?

Piense en su soledad. ¿Desaparecería con la compañía humana? Ésta sólo servirá de distracción. Adentro hay un vacío, ¿no es así? Y cuando el vacío sale a la superficie, ¿qué hace usted? Huye, enciende el televisor, enciende el radio, lee un libro, busca compañía humana, busca entretenimiento, busca distracción. Todo el mundo hace eso. Actualmente esto es un gran negocio, una industria organizada para distraernos y entretenernos.

❋
CÓMO SE PRESENTA LA FELICIDAD

Regrese a usted mismo como a su hogar. Obsérvese. Por eso dije antes que la autoobservación es algo sumamente agradable y extraordinario. Después de un tiempo, usted no tiene que hacer ningún esfuerzo, porque, a medida que las ilusiones empiezan a derrumbarse, usted empieza a conocer cosas que no pueden describirse. Eso se llama felicidad. Todo cambia, y usted se vuelve adicto a la consciencia.

Hay una historia sobre el discípulo que fue a donde el maestro y le dijo: "¿Podría darme una palabra de sabiduría? ¿Podría decirme algo que me guiara a través de mis días?" Era el día de silencio del maestro, de manera que tomó un bloc. Escribió: "Consciencia". Cuando el discípulo lo vio, dijo: "Es demasiado breve. ¿Puede ampliarlo un poco?" Entonces el maestro tomó el bloc y escribió: "Consciencia, consciencia, consciencia". El discípulo dijo: "Sí, pero ¿qué significa?" El maestro volvió a tomar el bloc y escribió: "Consciencia, consciencia, consciencia significa: consciencia".

Eso es lo que significa autoobservarse. Nadie puede mostrarle a usted cómo hacerlo, porque estaría dándole una técnica, estaría programándolo. Pero obsérvese a usted mismo. Cuando habla con alguien, ¿está consciente de ello o sencillamente se identifica con ello? Cuando se disgustó con alguien, ¿estaba consciente de que estaba furioso, o sencillamente se identificó con su cólera? Más tarde, cuando tuvo tiempo, ¿estudió su experiencia y trató de comprenderla? ¿De dónde procedía? ¿Qué la causó? No conozco ninguna otra vía hacia la consciencia. Usted sólo hace cambiar lo que comprende. Usted reprime lo que no comprende y aquello de lo cual no es consciente. Usted no cambia. Pero cuando usted lo comprende, eso cambia.

A veces me preguntan: "¿Es este tránsito hacia la consciencia algo gradual, o es algo súbito?" Algunas personas afortunadas lo logran en un instante. Sencillamente, toman consciencia. Otras van avanzando lentamente, gradualmente, progresivamente. Empiezan a ver las cosas. Las ilusiones se acaban, las fantasías desaparecen, y empiezan a ponerse en contacto con los hechos. No hay una regla general. Hay una famosa historia de un león que encontró un rebaño de ovejas, y, con asombro, descubrió un león entre las ovejas. Era un león que había crecido entre las ovejas desde que era cachorro. Balaba como una oveja y corría como una oveja. El león se le acercó, y cuando la oveja-león estuvo frente al león real, empezó a temblar. El león le dijo:

— ¿Qué estás haciendo entre estas ovejas?

La oveja-león le contestó:

— Yo soy una oveja.

— No, tú no eres una oveja — le replicó el león —. Ven conmigo.

Entonces llevó a la oveja-león a un estanque y le dijo:

— ¡Mira!

Cuando la oveja-león vio su reflejo en el agua, dio un gran rugido, y en ese momento se transformó. Nunca volvió a ser como antes.

Si usted tiene suerte y los dioses son benévolos, o si usted recibe la gracia divina (use cualquier expresión teológica que desee), repentinamente podría comprender quién es "yo", y nunca volvería a ser el mismo de antes, nunca. Nada podrá volver a afectarlo, y nadie podrá volver a herirlo.

Usted no temerá a nadie y no tendrá miedo de nada. ¿No es eso extraordinario? Usted vivirá como un rey, como una reina. Esto es lo que significa vivir como la realeza. Nada de esa basura de que su retrato salga en el periódico o de tener mucho dinero. Eso es paja. Usted no teme a nadie porque está completamente satisfecho de no ser nadie. No le interesan el éxito ni el fracaso. No significan nada. Los honores, la desgracia, ¡no significan nada! Si usted se comporta como un estúpido, eso tampoco significa nada. ¡Qué estado tan maravilloso!

Algunas personas llegan a esta meta con dificultad, paso a paso, después de meses y semanas de autoconsciencia. Pero le prometo que no he conocido una sola persona que haya dedicado tiempo a ser consciente que no haya visto una diferencia en cuestión de semanas. La calidad de su vida cambia, de manera que ya no tiene que aceptarlo como cuestión de fe. Lo ve; ella es diferente. Reacciona de manera diferente. En realidad, reacciona menos y actúa más. Ve cosas que nunca había visto.

Usted tendrá mucha más energía, estará mucho más vivo. La gente cree que si ella no tiene deseos será como leña seca, pero, en realidad, dejaría de estar tensa. Libérese de su temor al fracaso, de sus tensiones acerca del éxito; usted será usted mismo. Relajado. No conducirá con los frenos puestos. Eso será lo que sucederá.

Hay un hermoso dicho de Tranxu, un sabio chino, que me tomé el trabajo de aprender de memoria. Dice: "Cuando el arquero dispara sin buscar un premio, tiene toda su destreza; cuando dispara para ganar una medalla de bronce, se pone nervioso; cuando dispara para ganar una presea de oro, enceguece, ve dos blancos, y está fuera de sí. Su destreza no ha cambiado, pero el premio lo divide. ¡Le importa! Piensa más en ganar que en disparar, y la necesidad de ganar le quita su poder". ¿No es ésa una imagen de lo que es la mayoría de la gente? Cuando usted no está viviendo por algo, tiene toda su habilidad, tiene toda su energía, está relajado, no le importa, porque no importa que pierda o que gane.

Ésa es una vida *humana*. De eso se trata la vida. Eso puede venir solamente de la consciencia. Y en la consciencia usted se dará cuenta de que el honor no significa nada. Es un convencionalismo social, eso es todo. Por esa razón los místicos y los profetas no se preocupaban por eso en absoluto. El honor o el deshonor no significaban nada para ellos. Vivían en otro mundo, el mundo de los despiertos. El éxito o el fracaso no significaba nada para ellos. Tenían la actitud: "Yo soy estúpido, usted es estúpido, de modo que ¿cuál es el problema?"

Alguien dijo: "Las tres cosas más difíciles para un ser humano no son las hazañas físicas ni los logros intelectuales. Son, en primer lugar, retornar amor por odio; en segundo lugar, incluir a los excluidos; en tercer lugar, admitir que está equivocado". Pero éstas son las cosas más fáciles del mundo si usted no se ha identificado con el "mí". Usted es capaz de decir cosas como: "¡Me equivoqué! Si usted me conociera mejor, vería con cuánta frecuencia me equivoco. ¿Qué podría esperarse de un estúpido?" Si no me he identificado con estos aspectos del "mí", usted no puede herirme. Al principio, los viejos condicionamientos protestarán y usted estará deprimido y ansioso. Usted se afligirá, llorará, etc. "Antes del despertar, estaba deprimido: después del despertar, sigo deprimido". Pero hay una diferencia: ya no me identifico con la depresión. ¿Sabe usted cuán grande es la diferencia?

Usted sale de usted mismo y mira la depresión, y no se identifica con ella. No hace nada para que se acabe; está perfectamente dispuesto a seguir su vida mientras ella pasa por usted y desaparece. Si usted no sabe lo que eso significa, realmente tiene algo por descubrir. ¿Y la ansiedad? Ahí está, y usted no se preocupa. ¡Qué extraño! Está ansioso pero no preocupado.

¿No es eso una paradoja? Y usted está dispuesto a permitir que esta nube lo invada, porque cuanto más luche contra ella, mayor poder tendrá sobre usted. Usted está dispuesto a observarla mientras pasa. Usted puede ser feliz en medio de su ansiedad. ¿No es eso locura? Usted puede ser feliz en su depresión. Pero no puede tener un concepto equivocado de la felicidad. ¿Creía que la felicidad eran las emociones o la excitación? Eso es lo que causa la depresión. ¿Nadie se lo dijo? Usted está emocionado, bueno, está bien; pero sólo está preparando el camino para su próxima depresión. Usted está emocionado pero siente la ansiedad tras eso: ¿Cómo puedo lograr que dure? Eso no es felicidad, eso es adicción.

¿Me pregunto cuántos no adictos están leyendo este libro? Si usted se parece al grupo promedio, hay muy pocos, muy pocos. No desprecie a los alcohólicos y a los drogadictos: tal vez usted es tan adicto como ellos. La primera vez que vislumbré este nuevo mundo, fue aterrador. Comprendí lo que significa estar solo, sin un lugar en donde apoyar la cabeza, dejar que todos sean libres y ser libre, no ser especial para nadie y amarlos a todos — porque el amor hace eso. Brilla sobre los buenos y sobre los malos por igual; hace que llueva sobre los santos y los pecadores por igual.

¿Es posible que la rosa diga: "Les daré mi perfume a los buenos que quieran olerme, pero no a los malos"? ¿O es posible que la lámpara diga: "Iluminaré a los buenos que están en esta sala, pero no iluminaré a los malos"? ¿O puede el árbol decir: "Les daré mi sombra a los buenos que descansen junto a mí, pero no a los malos"? Éstas son imágenes de lo que es el amor.

Siempre ha estado allí, directamente frente a nosotros en las Escrituras, aunque nunca quisimos verlo porque estábamos sumergidos en lo que nuestra cultura llama el amor, con sus canciones y sus poemas de amor; eso no es amor en absoluto, eso es lo opuesto del amor. Eso es deseo y control y posesión. Eso es manipulación, y temor, y ansiedad; eso no es amor. Nos dijeron que la felicidad es una piel suave, un lugar de vacaciones. No es estas cosas, pero tenemos maneras sutiles de hacer que nuestra felicidad dependa de otras cosas, tanto dentro como fuera de nosotros. Decimos: "Me niego a ser feliz hasta que desaparezca mi neurosis". Le tengo buenas noticias: puede ser feliz ahora mismo, *con* la neurosis. ¿Quiere noticias todavía mejores? Hay una sola razón por la cual usted no está experimentando lo que en la India llamamos *anand*: felicidad, felicidad. Hay una sola razón por la cual usted no es feliz en este momento: porque está pensando o concentrándose en lo que no tiene. De otra manera, sería feliz. Usted se está concentrando en lo que no tiene. Pero, ahora mismo usted tiene todo lo que necesita para ser feliz.

Jesús hablaba de sentido común con los laicos, con los hambrientos, con los pobres. Les estaba dando buenas noticias: Tómela, es suya. Pero ¿quién escucha? A nadie le interesa; la gente prefiere estar dormida.

EL MIEDO: ORIGEN DE LA VIOLENCIA

Algunos dicen que solamente hay dos cosas en el mundo: Dios y el miedo; el amor y el miedo son las únicas dos cosas. Solamente hay un mal en el mundo: el miedo. Solamente hay un bien en el mundo: el amor. A veces le dan otros nombres. A veces lo denominan felicidad o libertad o paz o gozo o Dios o lo que sea. Pero el rótulo realmente no importa. Y no hay un solo mal en el mundo que no se origine en el miedo. Ni uno solo.

La ignorancia y el miedo, la ignorancia causada por el miedo, de ahí viene todo el mal, de ahí viene la violencia. La persona que realmente no es violenta, la que es incapaz de violencia, es la persona que no tiene miedo. Usted se enoja solamente cuando tiene miedo. Piense en la última vez que se enojó. Adelante. Piense en la última vez que se enojó y busque el miedo subyacente. ¿Qué temía perder? ¿Qué temía que le quitaran? De ahí viene la ira. Piense en una persona furiosa, tal vez en alguien a quien usted teme. ¿Puede ver todo el miedo de esa persona? Tiene mucho miedo, realmente lo tiene. Está muy asustada o no estaría furiosa. En el último análisis, solamente hay dos cosas, el amor y el miedo.

En este retiro me gustaría dejarlo hasta ahí, sin estructura y pasando de una cosa a la otra y regresando a ciertos temas una y otra vez, porque ésa es la forma de captar lo que estoy diciendo. Si eso no le llega la primera vez, puede llegarle la segunda, y lo que no le llega a una persona puede llegarle a otra. Yo trato diferentes temas, pero todos son sobre lo mismo. Llámelo consciencia, llámelo amor, llámelo espiritualidad o libertad o despertar o cualquier cosa. Realmente es lo mismo.

✳
LA CONSCIENCIA Y EL CONTACTO CON LA REALIDAD

Mirarlo todo dentro y fuera de usted, y cuando algo le sucede, verlo como si le estuviera sucediendo a otra persona, sin comentarios, sin juicios, sin actitudes, sin interferencias, sin intentos de cambiarlo, sólo de comprender. Cuando asuma esta actitud, empezará a caer en la cuenta de que se va desidentificando cada vez más de su "mí". Santa Teresa de Ávila dice que, hacia el final de su vida, Dios le concedió una gracia extraordinaria. No usa, por supuesto, esta expresión moderna, pero realmente se trata de la desidentificación de sí misma. Si otra persona tiene cáncer y no conozco a la persona, eso no me afecta mucho. Si tuviera amor y sensibilidad, tal vez le ayudaría, pero eso no me afecta emocionalmente. Si *usted* tiene que presentar un examen, eso no me afecta mucho. Puedo ser muy filosófico al respecto, y decirle: "Bueno, cuanto más se preocupe, peor será. ¿Más bien por qué no descansa en lugar de estudiar?" Pero cuando llega mi turno para presentar un examen, entonces es diferente, ¿no es así? La razón es que me identifiqué con el "mí": con mi familia, mi país, mis posesiones, mi cuerpo, mi ego. ¿Cómo sería si Dios me diera la gracia de no llamar a estas cosas "mías"? Gozaría del desprendimiento; estaría desidentificado. Eso es lo que significa perderse a sí mismo, negarse a sí mismo, morir a sí mismo.

✳

LA BUENA RELIGIÓN: LA ANTÍTESIS DE LA INCONSCIENCIA

Alguien me preguntó durante una conferencia: "¿Qué piensa sobre Nuestra Señora de Fátima?" ¿Qué opina de ella? Cuando me hacen preguntas como ésa, me acuerdo de la historia de aquella vez que llevaban la estatua de Nuestra Señora de Fátima en un avión a una peregrinación de veneración, y cuando volaban sobre el sur de Francia el avión empezó a bambolearse y a temblar y parecía que fuera a desbaratarse. Y la milagrosa estatua gritó: "¡Nuestra Señora de Lourdes, ruega por nosotros!" Y todo se arregló. ¿No fue maravilloso, una "Nuestra Señora" que ayuda a otra "Nuestra Señora"?

También había un grupo de mil personas que fueron en peregrinación a Ciudad de México a venerar el santuario de Nuestra Señora de Guadalupe y se sentaron delante de la estatua protestando porque ¡el obispo de la diócesis había declarado a "Nuestra Señora de Lourdes" patrona de la diócesis! Estaban seguros de que Nuestra Señora de Guadalupe lo sentía mucho, de manera que estaban protestando en desagravio de la ofensa. Ése es el problema con la religión si uno no se cuida.

Cuando les hablo a los hindúes, les digo: "Sus sacerdotes no se alegrarán de oír esto" (fíjense lo prudente que estoy esta mañana), "pero, según Jesucristo, a Dios le agradaría más la transformación de ustedes que la adoración que le rindan. Le agradaría mucho más su amor que su adoración". Y cuando les hablo a los musulmanes, les digo: "Su Ayatollah y sus mullahs no se van a alegrar de oír esto, pero a Dios le va a agradar mucho más que ustedes se transformen en personas llenas de amor que si dicen «Señor, Señor»". Es infinitamente más importante que ustedes se despierten. Eso es la espiritualidad, eso es todo. Si ustedes lo logran, tienen a Dios. Entonces ustedes adoran "en espíritu y en verdad". Cuando ustedes se convierten en amor, cuando se transforman en amor. El peligro de lo que puede hacer la religión se ve muy bien en una historia que contó el Cardenal Martini, Arzobispo de Milán. La historia es sobre una pareja de italianos que se van a casar. Se habían puesto de acuerdo con el párroco para hacer una pequeña recepción en el atrio de la parroquia, frente a la iglesia. Pero llovió, y no se podía hacer la recepción, de modo que le dijeron al sacerdote: "¿Podríamos hacer la celebración en la iglesia?"

Al padre no le entusiasmó hacer una recepción en la iglesia, pero ellos le dijeron: "Comeremos un poco de torta, cantaremos una canción, tomaremos un poquito de vino y nos iremos a casa". De manera que el padre aceptó. Pero como eran italianos amantes de la vida, tomaron un poco de vino, cantaron una canción, luego tomaron otro poquito de vino y cantaron más canciones, y a la media hora había una gran celebración en la iglesia. Y todos se estaban divirtiendo mucho. Pero el padre estaba tenso, paseándose de un lado para otro en la sacristía, preocupado por el ruido que estaban haciendo. El coadjutor entró y le dijo:

— Veo que usted está muy tenso.

— Por supuesto que estoy tenso. ¡Oiga todo el ruido que están haciendo, y en la casa de Dios! ¡Santo Dios!

— Pero padre, realmente no tenían a dónde ir.

— ¡Ya lo sé! Pero ¿por qué tienen que hacer tanto ruido?

— Bueno, no debemos olvidar ¡que el mismo Jesús asistió una vez a una boda! ¿No es verdad, padre?

— Yo sé que Jesucristo asistió a un banquete de bodas. ¡No es necesario que usted me diga que Jesucristo asistió a un banquete de bodas! ¡Pero no estaba allí el Santísimo Sacramento!

Miren: A veces el Santísimo Sacramento es más importante que Jesucristo: cuando el culto es más importante que el amor, cuando la Iglesia es más importante que la vida, cuando

Dios es más importante que el prójimo. Y así sigue. Ése es el peligro. En mi opinión, para esto era para lo que Jesús evidentemente nos llamaba: ¡primero lo primero! La persona es mucho más importante que el sábado. Hacer lo que le digo, convertirse en lo que le estoy indicando, es mucho más importante que decir Señor, Señor. Pero a su mullah no le va a gustar oír eso, se lo aseguro. A sus sacerdotes no les va a gustar oír eso. Sin embargo, de eso es de lo que hemos estado hablando. De la espiritualidad. Del despertar. Como les dije, si quieren despertar es extremadamente importante hacer lo que llamo "autoobservación". Sean conscientes de lo que dicen, sean conscientes de lo que hacen, sean conscientes de lo que piensan, sean conscientes de su manera de actuar. Sean conscientes del lugar de donde vienen, de cuáles son sus motivaciones. No vale la pena vivir una vida sin consciencia.

La vida sin consciencia es una vida mecánica. No es humana, es programada, condicionada. Más valdría que fuéramos una piedra, un trozo de madera. En mi país hay cientos de miles de personas que viven en pequeñas chozas, en una pobreza extrema; apenas logran sobrevivir, todo el día hacen un trabajo manual duro, duermen y se despiertan por la mañana, comen algo, y vuelven a empezar. Y uno piensa: "¡Qué vida!" "¿Eso es todo lo que la vida tiene para ofrecerles?" Y entonces, de pronto, se sobresalta cuando se da cuenta de que el 99.999% de las personas de aquí no están mejor. Ustedes pueden ir a cine, conducir un automóvil, hacer un crucero. ¿Creen ustedes que están mucho mejor que ellos? Ustedes están tan muertos como ellos. Son una máquina tanto como lo son ellos — una máquina un poco más grande, pero, de todas maneras, una máquina. Eso es triste. Es triste pensar que la persona pasa por la vida así.

Los seres humanos pasan por la vida con ideas fijas; nunca cambian. Sencillamente no se dan cuenta de lo que sucede. Ellos podrían ser un bloque de madera, o una roca, una máquina que habla, camina, piensa. Eso no es humano. Son títeres, movidos en todas direcciones por todo tipo de cosas. Oprima un botón y obtendrá una reacción. Casi se puede predecir cómo va a reaccionar una persona. Si estudio a una persona, puedo decirles cómo va a reaccionar. Con mi grupo de terapia, a veces escribo en una hoja de papel que Fulano va a iniciar la sesión y que Mengano va a responderle. ¿Creen que eso está mal? Bueno, no escuchen a las personas que les dicen: "¡Olvídese de usted mismo! Acérquese a los demás con amor". ¡No las escuchen! Todos se equivocan. Lo peor que usted puede hacer es olvidarse de usted mismo cuando se acerca a los demás con lo que se llama una actitud de ayuda.

Esto lo entendí a la fuerza hace muchos años, cuando estudié psicología en Chicago. Estábamos siguiendo un curso de consejería para sacerdotes. Se admitía sólo a sacerdotes que estaban haciendo consejería y que aceptaban traer a la clase la grabación de una sesión. Éramos como veinte. Cuando me llegó el turno, traje un casete con una entrevista que había tenido con una joven. El instructor colocó la cinta en una grabadora, y la escuchamos. A los cinco minutos, como acostumbraba, el instructor detuvo la grabación y preguntó: "¿Hay comentarios?" Alguien me dijo:

— ¿Por qué le preguntó eso a ella?

— No creo haberle preguntado nada — le contesté —. En realidad, estoy bastante seguro de no haberle preguntado nada.

— Usted le preguntó — afirmó.

Yo estaba seguro porque en esa época estaba siguiendo conscientemente el método de Carl Rogers, el cual se orienta hacia las personas y es no directivo: uno no hace preguntas, no interrumpe ni da consejos. De manera que yo sabía que no debía hacer preguntas. De todos modos, hubo una discusión entre nosotros, y entonces el instructor dijo: "¿Por qué no volvemos a escuchar la grabación?" Volvimos a escucharla, y entonces, con horror, oí una pregunta grande, tan grande como el Empire State Building, una pregunta enorme. Lo interesante es que yo había oído esa pregunta tres veces, la primera vez, supuestamente, cuando la hice, la segunda vez cuando escuché la grabación en mi habitación (porque yo quería llevar una buena grabación a clase), y la tercera vez cuando la escuché en clase. Pero no la había oído. No había tomado consciencia.

Eso sucede con frecuencia en mis sesiones de terapia o en mi dirección espiritual. Grabamos la entrevista, y cuando el cliente la escucha, dice: "Mire: Realmente no oí lo que usted dijo durante la entrevista. Sólo oí lo que dijo cuando escuché la grabación". Lo más interesante es que yo no oí lo que dije durante la entrevista. Es sorprendente descubrir que durante una sesión de terapia digo cosas de las que no tengo consciencia. Solamente más tarde capto su pleno significado. ¿Creen ustedes que eso es humano? Usted dice: "Olvídese de usted mismo y vaya hacia los demás". De todos modos, después de escuchar nosotros toda la grabación allá en Chicago, el instructor dijo: "¿Hay comentarios?" Uno de los sacerdotes, un hombre de cincuenta años con quien yo simpatizaba, me dijo:

— Tony, me gustaría hacerte una pregunta personal. ¿Te parecería bien?

— Sí, por supuesto — le contesté —. Si no quiero responderla, no la respondo.

—¿La mujer de la entrevista es bonita? — me preguntó.

Realmente, yo estaba en un estadio de mi desarrollo (o subdesarrollo) en el cual no me daba cuenta de si alguien era bien parecido o no lo era. No me importaba. Ella era una oveja del rebaño de Cristo; yo era un pastor. Yo prestaba ayuda. ¡Qué maravilla! Así me habían entrenado. De modo que le dije:

— ¿Eso qué tiene que ver?

— Porque ella no te gusta, ¿verdad? — me contestó.

— ¡¿Qué?! — exclamé.

Nunca me había detenido a pensar si los individuos me gustaban o me disgustaban. Como la mayoría de la gente, sentía una antipatía ocasional que se hacía consciente, pero mi actitud era generalmente neutral. Le pregunté:

— ¿Por qué piensas eso?

— Por la grabación.

La escuchamos nuevamente, y me dijo:

— Escucha tu voz. La dulzura con que hablas. Observa. Estás irritado, ¿no es así?

Sí estaba irritado, y sólo estaba empezando a ser consciente de ello en ese momento. ¿Y qué fue lo que le dije a ella de manera no directiva? Le dije: "No regrese". Pero no me había dado cuenta. El sacerdote amigo me dijo:

— Ella es mujer. Se habrá dado cuenta. ¿Cuándo debes volver a reunirte con ella?

— El próximo miércoles.

— Apuesto a que no regresará.

No regresó. Esperé una semana, pero no vino. Esperé otra semana, y tampoco vino. Entonces la llamé. Rompí una de mis reglas: No seas el salvador.

La llamé y le dije:

— ¿Recuerda esa grabación que usted me permitió hacer para mi clase? Me ayudó mucho porque la clase me señaló muchas cosas (¡no le dije qué cosas!) que podrían hacer que la sesión fuera más eficaz. De modo que si usted quisiera regresar, sería más eficaz.

— Bien, regresaré — me contestó.

Regresó. Todavía estaba allí la antipatía. No había desaparecido, pero ya no estorbaba. Usted controla aquello de lo cual es consciente; aquello de lo cual usted no es consciente, lo controla a usted. Usted siempre será un esclavo de aquello de lo cual no es consciente. Cuando es consciente de ello, se libera. Todavía está allí, pero no lo afecta. No lo controla a usted, no lo esclaviza. Ésa es la diferencia.

Consciencia, consciencia, consciencia, consciencia. Lo que nos enseñaron en ese curso fue a ser observadores participantes. Para expresarlo gráficamente, yo estaría hablando con usted y al mismo tiempo estaría afuera observándolo a usted y observándome a mí mismo. Cuando estoy escuchándolo a usted, es infinitamente más importante escucharme a mí mismo que escucharlo a usted. Por supuesto, es importante escucharlo a usted, pero es más importante escucharme a mí mismo. De otra manera, no lo estaré oyendo. O distorsionaré todo lo que dice. Lo oiré a través de mi condicionamiento.

Reaccionaré a usted de muchas maneras, de acuerdo con mis propias inseguridades, con mi necesidad de manipularlo, con mi deseo de tener éxito, con irritaciones y sentimientos de los cuales tal vez no sea consciente. De manera que es muy importante que me escuche a mí mismo cuando lo estoy escuchando a usted. Para eso nos entrenaron: para ser conscientes.

Usted no tiene que imaginarse a usted mismo flotando en alguna parte en el aire. Para aproximarse a una comprensión de lo que estoy diciendo, imagínese un buen conductor, que conduce un automóvil, y que está concentrado en lo que usted le dice. En verdad, hasta es posible que esté discutiendo con usted, pero está completamente consciente de las señales de tránsito. En el momento en que sucede algo inesperado, en el momento en que hay un sonido, o ruido, o roce, lo oirá de inmediato. Dirá: "¿Está seguro de que cerró esa puerta de atrás?" ¿Cómo lo hizo? Estaba consciente, estaba alerta. Su atención estaba enfocada en la conversación, o en la discusión, pero su consciencia era más difusa. Estaba percibiendo muchas cosas.

Aquí no estoy defendiendo la concentración. Eso no es importante. Muchas técnicas de meditación inculcan la concentración, pero yo desconfío de eso. Implican violencia, y, con frecuencia, implican más programación y más condicionamiento. Lo que yo defendería sería la consciencia, que no es lo mismo que la concentración. La concentración es un reflector, un foco. Usted se abre a cualquier cosa que entra en su consciencia. Usted puede distraerse de eso, pero cuando practica la consciencia, nunca está distraído. Cuando llega la consciencia, nunca hay distracción, porque usted siempre estará consciente de lo que ocurra.

Digamos que estoy mirando esos árboles y que estoy preocupado. ¿Estoy distraído? Estoy distraído solamente si me propongo concentrarme en los árboles. Pero si soy consciente de que también estoy preocupado, eso no es ninguna distracción. Sencillamente, tome consciencia del lugar en donde está su atención. Cuando algo no va bien o algo inesperado sucede, usted lo notará de inmediato. ¡Algo no marcha bien! En el momento en que un sentimiento negativo surge en la consciencia, usted lo notará. Usted es como el conductor del automóvil.

Ya les dije que Santa Teresa de Ávila dijo que Dios le dio la gracia de desidentificarse de sí misma. Ustedes oyen a los niños hablar de esa manera. Un niño de dos años dice: "Tommy se desayunó esta mañana". No dice "yo", aunque él es Tommy. Dice "Tommy" — en tercera persona. Los místicos se sienten así. Se han desidentificado de sí mismos, y están en paz.

Ésta era la gracia a la que se refería Santa Teresa. Éste es el "yo" que los maestros místicos del Oriente están constantemente instando a descubrir. ¡Y los del Occidente también! Y puede incluir entre ellos a Meister Eckhart. Ellos están instando a la gente a descubrir el "yo".

❄
LOS RÓTULOS

Lo importante no es saber quién es "yo" o qué es "yo". Usted nunca lo logrará. Lo importante es descartar los rótulos. Como dicen los maestros Zen japoneses, "No busquen la verdad; sencillamente, descarten sus opiniones". Descarten sus teorías; no busquen la verdad. La verdad no es algo que se busca. Si dejaran de apegarse a sus opiniones, lo sabrían. ¿Qué quiero decir por rótulos? Todos los rótulos imaginables, excepto quizás el de ser humano. Soy un ser humano. Suficiente; no dice mucho. Pero cuando alguien dice: "Yo tengo éxito", eso es demencial. El éxito no es parte del "yo". El éxito es algo que va y viene; podría estar presente hoy y ausente mañana. Eso no es "yo". Cuando alguien dice: "Tuve éxito", está en un error;

está a obscuras; se identificó con el éxito. Lo mismo sucede cuando dice: "Fracasé; yo soy abogado, yo soy un hombre de negocios". Ustedes saben lo que les va a suceder si se identifican con estas cosas. Se van a apegar a ellas, se van a preocupar por que se acaben, y entonces es cuando aparece el sufrimiento. Eso era lo que quería decir antes cuando les dije: "Si ustedes sufren, están dormidos". ¿Quieren un signo de que están dormidos? Aquí lo tienen: Ustedes sufren. El sufrimiento es un signo de que ustedes no están en contacto con la verdad. El sufrimiento se les da para que puedan abrir los ojos a la verdad, para que puedan comprender que en alguna parte hay falsedad, así como el dolor físico se les da para que comprendan que en alguna parte hay enfermedad. El sufrimiento indica que en alguna parte hay falsedad. El sufrimiento se produce cuando ustedes se estrellan con la realidad. Hay sufrimiento cuando sus ilusiones se estrellan con la realidad, cuando sus falsedades se estrellan con la verdad, entonces hay sufrimiento. De otra manera no hay sufrimiento.

❋

LOS OBSTÁCULOS A LA FELICIDAD

Lo que voy a decir puede parecer un poco rebuscado, pero es la verdad. Lo que viene pueden ser los minutos más importantes de su vida. Si pudieran comprender esto, descubrirían el secreto del despertar. Serían felices para siempre. Nunca volverían a ser desdichados. Nada podría volver a lastimarlos. Lo digo en serio: nada. Es como cuando se derrama pintura negra en el aire; el aire permanece sin contaminar. Usted nunca puede pintar el aire de negro. No importa qué le suceda, usted permanece incontaminado. Permanece en paz. Hay seres humanos que han logrado esto, lo que llamo ser humano. Nada de esa tontería de ser una marioneta, llevado de un lado a otro, dejando que los acontecimientos y las personas le digan cómo sentirse. De manera que usted se siente así y dice que es vulnerable. ¡Ja! Eso lo llamo ser una marioneta. ¿Quiere ser una marioneta? Presione un botón y está deprimido; ¿eso le gusta? Pero si se niega a identificarse con esos rótulos, cesan la mayoría de sus preocupaciones.

Más tarde hablaremos sobre el temor a la enfermedad y a la muerte, pero generalmente usted se preocupa por lo que le va a suceder a su carrera. Un pequeño empresario, de cincuenta años, está tomando cerveza en un bar en alguna parte y dice: "Bueno, miren a mis condiscípulos: ellos realmente lo lograron". ¡Idiota! ¿Qué quiere decir con "lo lograron"? Sus nombres aparecen en los periódicos. ¿Es eso lograrlo? Uno es presidente de una corporación; el otro es miembro de la Corte Suprema de Justicia; el otro es esto o lo otro. Payasos, todos ellos.

¿Quién decide lo que significa tener éxito? ¡Esta estúpida sociedad! ¡La principal preocupación de la sociedad es mantener enferma a la sociedad! Y cuanto más rápidamente comprenda usted eso, mejor. Están enfermos, todos. Están chiflados, están locos. Usted llegó a ser presidente del manicomio y está orgulloso de ello aunque no significa nada. Ser presidente de una corporación no tiene nada que ver con el éxito en la vida. Tener mucho dinero no tiene nada que ver con tener éxito en la vida. ¡Usted tiene éxito en la vida cuando despierta! Entonces no tiene que presentarle disculpas a nadie, no tiene que explicarle nada a nadie, no le importa un comino lo que los otros piensen de usted o lo que digan de usted. Usted no tiene preocupaciones; es feliz. Eso es lo que yo llamo tener éxito. Tener un buen empleo o ser famoso no tiene nada que ver con la felicidad o el éxito. ¡Nada! Eso es totalmente ajeno. Todo lo que le preocupa realmente a él es lo que sus hijos piensen de él, lo que sus vecinos piensen de él, lo que su esposa piense de él. Debiera haber sido famoso. Nuestra sociedad y nuestra cultura nos meten eso en la cabeza día y noche. ¡Las personas que lo logran! ¿Logran qué? Hicieron el ridículo. Porque gastaron toda su energía consiguiendo algo que no tenía valor. Están asustados y confundidos, son marionetas como los demás. Mírenlos pasando por el escenario. Miren cómo se descomponen si tienen una mancha en la camisa. ¿Es eso el éxito? Miren cuán asustados están ante la posibilidad de no ser reelegidos. ¿Es eso el éxito? Están controlados, son manipulados. No son felices, son desgraciados. No disfrutan de la vida. Están constantemente tensos y ansiosos. ¿Es eso humano? ¿Y saben por qué sucede eso? Solamente por una razón: Se identificaron con algún rótulo. Identificaron el "yo" con su dinero o con su empleo o con su profesión. Ése fue el error que cometieron.

¿Han oído hablar del abogado a quien el plomero le presentó una cuenta? Le dijo al plomero:

— Mire, usted me está cobrando doscientos dólares por hora. Yo no me gano eso como abogado. El plomero le contestó:

— ¡Yo tampoco me ganaba esa cantidad de dinero cuando era abogado!

Usted podría ser plomero o abogado, hombre de negocios o sacerdote, pero eso no afecta al "yo" esencial. No lo afecta. Si mañana cambio de profesión, es como cambiarme de ropa. No me toca. *¿Es* usted su ropa? *¿Es* usted su nombre? *¿Es* usted su profesión? Deje de identificarse con esas cosas. Ellas van y vienen.

Cuando usted comprenda esto realmente, ninguna crítica puede afectarlo. Tampoco pueden afectarlo la alabanza o la adulación. Cuando alguien le dice: "Usted es una gran persona", ¿de qué está hablando? Está hablando del "mí", no está hablando del "yo". "Yo" no es ni grande ni pequeño. "Yo" no tiene éxito ni fracasa. No es ninguno de esos rótulos. Estas cosas dependen de los criterios que establece la sociedad. Estas cosas dependen del condicionamiento de usted. Estas cosas dependen del estado de ánimo de la persona que está hablando con usted en este momento. No tiene nada que ver con el "yo". "Yo" no es ninguno de estos rótulos. "Mí" es generalmente egoísta, estúpido, infantil — un gran estúpido. De modo que cuando usted me dice: "Usted es un estúpido", ¡eso lo sé desde hace años! El ego condicionado — ¿qué más podía esperar usted? Eso lo sé desde hace años. ¿Por qué usted se identifica con él? ¡Idiota! Eso no es el "yo", eso es el "mí".

¿Quiere ser feliz? La felicidad ininterrumpida no es causada. La verdadera felicidad no es causada. Usted no puede hacerme feliz. Usted no es mi felicidad. Usted le dice a la persona que ha despertado, "¿Por qué está feliz?" y la persona que ha despertado responde, "¿Por qué no he de estarlo?"

La felicidad es nuestro estado natural. La felicidad es el estado natural de los niños, a quienes pertenece el reino hasta que son corrompidos y contaminados por la estupidez de la sociedad y la cultura. No se puede hacer nada para adquirir la felicidad, porque la felicidad no se puede adquirir. ¿Alguien sabe por qué? Porque ya la tenemos. ¿Cómo se puede adquirir lo que ya se tiene? ¿Entonces por qué no tiene experiencia de ella? Porque tiene que descartar algo. Tiene que descartar las ilusiones. Para ser feliz no tiene que agregar nada; tiene que descartar algo. La vida es fácil, la vida es maravillosa. Es dura solamente para sus ilusiones, sus ambiciones, su avidez, sus deseos. ¿Sabe de dónde vienen estas cosas? De haberse identificado con toda clase de rótulos.

CUATRO PASOS HACIA LA SABIDURÍA

Lo primero que tiene que hacer es entrar en contacto con los sentimientos negativos de los cuales no es consciente. Muchas personas tienen sentimientos negativos sin saberlo. Muchas personas están deprimidas y no saben que están deprimidas. Solamente cuando entran en contacto con la alegría comprenden hasta qué punto estaban deprimidas. No se puede tratar un cáncer que no se ha detectado. Usted no puede librarse del gorgojo en su granja si no sabe que existe. Lo primero que necesita es tener consciencia de sus sentimientos negativos. ¿Cuáles sentimientos negativos? La melancolía, por ejemplo. Usted está melancólico y triste. Usted siente que se odia a usted mismo, o se siente culpable. A usted le parece que la vida no tiene ninguna finalidad, que no tiene sentido; usted se siente herido, está nervioso y tenso. El primer paso es ponerse en contacto con esos sentimientos.

El segundo paso (éste es un programa de cuatro pasos) es comprender que el sentimiento está en usted, no en la realidad. Eso es tan evidente, pero ¿cree usted que los seres humanos lo saben? No lo saben, créame. Tienen doctorados, y son rectores de universidades, pero no han comprendido esto. En la escuela no me enseñaron a vivir. Me enseñaron todo lo demás. Como dijo alguien: "Tengo una educación muy buena. Tardé años en superarla". La espiritualidad trata de eso: de desaprender. Desaprender toda la basura que le enseñaron a uno.

Los sentimientos negativos están en usted, no en la realidad. Entonces, deje de tratar de cambiar la realidad. ¡Eso es una locura! Deje de tratar de cambiar a la otra persona. Gastamos todo nuestro tiempo y nuestras energías tratando de cambiar las circunstancias externas, tratando de cambiar a nuestro cónyuge, a nuestro jefe, a nuestros amigos, a nuestros enemigos, y a todos los demás. No necesitamos cambiar nada. Los sentimientos negativos están en *usted*. En la Tierra no existe nadie que tenga el poder de hacerlo a usted desgraciado. En la Tierra no hay ningún acontecimiento que tenga el poder de alterarlo o herirlo. Ningún acontecimiento, condición, situación o persona. Nadie le dijo esto; le dijeron lo contrario. Por eso está en el enredo en que se encuentra. Por eso está dormido. Nadie le ha dicho esto; pero es evidente.

Supongamos que la lluvia acaba con un paseo campestre. ¿Quién se siente negativo? ¿La lluvia? ¿O *usted?* ¿Qué causa el sentimiento negativo? ¿La lluvia o su reacción? Cuando usted se golpea una rodilla contra una mesa, a la mesa no le pasa nada. Está ocupada en aquello para lo cual fue hecha: para ser una mesa. El dolor está en su rodilla, no en la mesa. Los místicos tratan continuamente de decirnos que la realidad está bien. La realidad no es problemática. Los problemas sólo existen en la mente humana. Podríamos añadir: en la mente humana estúpida y dormida. La realidad no es problemática; si los seres humanos desaparecieran de este planeta, la vida continuaría, la naturaleza seguiría con toda su belleza y toda su violencia. ¿Dónde estaría el problema? No habría ningún problema. Usted creó el problema. Usted es el problema. Usted se identificó con el "mí" y ése es el problema. El sentimiento está en usted, no en la realidad.

El tercer paso: Nunca se identifique con dicho sentimiento; éste no tiene nada que ver con el "yo". No defina su ser esencial en función de ese sentimiento. No diga: "Yo estoy deprimido". Si quiere decir que la depresión está ahí, eso está bien; si quiere decir que la melancolía está ahí, eso está bien. Pero no diga: Yo estoy melancólico. Usted se está definiendo en función de sentimiento. Ésa es su ilusión; ése es su error. Hay una depresión ahí en este momento, hay sentimientos lastimados ahí en este momento, pero déjelos, déjelos solos. Eso pasará. Todo pasa, todo. Sus depresiones y sus emociones no tienen nada que ver con la felicidad. Son el movimiento del péndulo. Si ve emociones, prepárese para la depresión. ¿Quiere su droga? Prepárese para la resaca. El péndulo se mueve de un extremo al otro.

Esto no tiene nada que ver con el "yo"; no tiene nada que ver con la felicidad. Es el "mí". Si usted recuerda esto, si se lo dice a usted mismo mil veces, si ensaya estos tres pasos mil veces, lo logrará. Es posible que no necesite hacerlo ni tres veces. No lo sé; no hay ninguna regla. Pero hágalo mil veces y hará el mayor descubrimiento de su vida. ¿Qué importan esas minas de oro de Alaska? ¿Qué va a hacer con ese oro?

Si no es feliz, no puede vivir. De modo que encontró oro. ¿Qué importa? Usted es un rey; usted es una princesa. Usted es libre; ya no le importa ser aceptado o rechazado, eso no importa. Los psicólogos nos dicen que es muy importante tener un sentimiento de pertenencia. ¡Paja! ¿Para qué quiere usted pertenecer a alguien? Eso ya no importa.

Un amigo me contó que hay una tribu africana en la cual la pena capital es ser condenado al ostracismo. Si a usted lo expulsaran de Nueva York o de donde viva, usted no moriría. ¿Por qué el miembro de esa tribu africana muere? Porque participa de la común estupidez de la humanidad. Cree que no podrá vivir si no pertenece. ¿Es él muy distinto de la mayoría de la gente, o no? Él está convencido de que necesita pertenecer. Pero usted no necesita pertenecer a nadie o a nada o a ningún grupo. Ni siquiera necesita estar enamorado. ¿Quién le dijo que lo necesitaba? Lo que necesita es ser libre. Lo que necesita es amar. Eso es; ésa es su naturaleza. Pero lo que realmente me está diciendo es que quiere ser deseado. Quiere ser aplaudido, ser atractivo, que todos los micos corran detrás de usted. Está desperdiciando su vida. *¡Despierte!* Usted no necesita eso. Puede ser plenamente feliz sin eso.

La sociedad no se va a alegrar de oír esto, porque usted se vuelve aterrador cuando abre los ojos y comprende. ¿Cómo controlar a una persona como usted? Usted no la necesita a ella; no se siente amenazado por su crítica; no le importa lo que piense ella o lo que diga ella. Usted cortó todas esas ataduras; ya no es una marioneta. Es aterrador. "De manera que tenemos que salir de él [sentencia la sociedad]; él dice la verdad; no tiene miedo; ya no es humano". *¡Humano!* ¡Miren! ¡Por fin un ser humano! Escapó de su esclavitud, escapó de su prisión.

Ningún acontecimiento justifica un sentimiento negativo. No hay ninguna situación en el mundo que justifique un sentimiento negativo. Eso es lo que todos nuestros místicos nos han dicho hasta el cansancio. Pero nadie escucha. El sentimiento negativo está en usted. En el *Bhagavad-Gita*, el libro sagrado de los hindúes, el señor Krishna le dice a Arjuna:

"Lánzate al ardor de la batalla y mantén tu corazón a los pies del Señor". Una frase maravillosa.

Usted no tiene que hacer nada para ser feliz. El gran Meister Eckhart dijo bellamente: "No se llega a Dios por un proceso de adición, de sumarle algo al alma, sino por un proceso de sustracción". Usted no hace nada para ser libre, usted descarta algo. Entonces es libre.

El cuarto paso: ¿Cómo cambia uno las cosas? ¿Cómo se cambia uno a sí mismo? Hay muchas cosas que es necesario comprender aquí, o más bien, solamente una cosa que puede expresarse de muchas maneras. Imagínese un paciente que va a donde el médico y le dice de qué sufre. El médico le dice:

— Muy bien, yo entiendo sus síntomas. ¿Sabe qué haré? ¡Le recetaré un remedio a su vecino!

El paciente responde:

— Muchas gracias, doctor, eso me hace sentir mucho mejor.

¿No es absurdo? Pero eso es lo que todos hacemos. La persona que está dormida siempre piensa que se sentirá mejor si otra persona cambia. Usted sufre porque está dormido, pero piensa: "Cómo sería de maravillosa la vida si otra persona cambiara; cómo sería de maravillosa la vida si mi vecino cambiara, si mi esposa cambiara, si mi jefe cambiara".

Siempre queremos que otra persona cambie para podernos sentir bien. ¿Pero se ha puesto a pensar alguna vez que si su esposa cambia o si su marido cambia, eso en qué lo afecta a usted? Usted sigue siendo tan vulnerable como antes; sigue siendo tan idiota como antes; sigue estando tan dormido como antes. Usted es el que tiene que cambiar, el que tiene que tomarse el remedio. Usted insiste una y otra vez: "Me siento bien porque el mundo está bien". ¡Se equivoca! El mundo está bien porque me siento bien. Eso es lo que todos los místicos dicen.

EL MUNDO ESTÁ BIEN

Cuando usted se despierta, cuando comprende, cuando ve, el mundo se arregla. Siempre nos molesta el problema del mal. Hay una historia patética sobre un niño que iba por la orilla de un río y vio a un cocodrilo atrapado en una red. El cocodrilo le dijo:

— Niño, apiádate de mí, suéltame. Tal vez yo sea feo, pero no tengo la culpa; así me hicieron. Pero sea cual sea mi aspecto, tengo corazón de madre. Vine en busca de alimento para mis hijos, ¡y caí en esta trampa!

El niño le contestó:

— ¡Ah, si te soltara, tú me atraparías y me matarías!

— ¿Cómo puedes creerme capaz de hacerle eso a quien es mi benefactor y libertador? — protestó el cocodrilo.

El niño se dejó convencer, y le quitó la red. Y el cocodrilo lo atrapó.

Cuando el cocodrilo se lo estaba tragando, le dijo el niño:

— ¿De manera que así me pagas mi buena acción?

— Bueno — le explicó el cocodrilo —, no es nada personal, hijo mío. Así es el mundo. Es la ley de la vida.

El niño se puso a argumentar en contra de eso, y el cocodrilo le dijo:

— ¿Quieres preguntarle a otro animal si acaso no es así la vida?

El niño vio un pájaro posado en una rama, y se dirigió a él:

— Dime, pájaro, ¿es cierto lo que dice el cocodrilo?

— El cocodrilo tiene razón — opinó el pájaro —. Mira mi caso: Un día venía yo a casa con alimento para mis crías; imagínate cuál no sería mi pavor al ver una serpiente subiendo por el árbol, directamente hacia el nido. Yo me hallaba totalmente indefensa. Se comió a todos mis hijitos, uno tras otro. Yo grité y grité, pero fue inútil. El cocodrilo tiene razón: es la ley de la vida. Así es el mundo.

— Ya lo ves — le dijo el cocodrilo al niño —, pero éste insistió:

— Déjame preguntarle a otro animal.

— Está bien. Hazlo — accedió el cocodrilo.

En ese momento pasaba por la orilla del río un asno.

— Escucha, asno — le dijo el niño —: El cocodrilo dice esto. ¿Tiene razón?

— Sí, tiene toda la razón — le respondió el asno —. Mírame a mí. Yo trabajé y me esclavicé toda la vida, y mi amo apenas me daba de comer. Ahora que estoy viejo y soy inútil, me soltó, y yo ando vagando por la selva, esperando que algún animal salvaje salte sobre mí y me mate. El cocodrilo tiene razón: es la ley de la vida. Así es el mundo.

Entonces dijo el cocodrilo:

— ¡Vamos!

El niño replicó:

— Dame otra oportunidad.

El niño vio pasar un conejo, y le dijo:

— Dime, conejo, ¿tiene razón el cocodrilo?

El conejo se sentó en las patas traseras, y le preguntó al cocodrilo:

— ¿Tú le dijiste eso al niño?

— Así es. Eso le dije.

— Espera un momento — le sugirió el conejo —. Tenemos que discutirlo.

— Está bien — aceptó el cocodrilo.

— Pero ¿cómo podemos discutirlo si tienes ese niño en la boca? Suéltalo; él también tiene que tomar parte en la discusión.

El cocodrilo le contestó:

— Tú eres muy astuto. Si lo soltara se escaparía.

— Yo creí que tú eras más inteligente — objetó el conejo —. Si él intentara huir, podrías matarlo de un coletazo.

— Es justo — concedió el cocodrilo, y soltó al niño.

Apenas quedó libre el niño, el conejo le gritó:

— ¡Escapa!

El niño corrió y escapó. Luego le dijo el conejo:

— Oye, niño, ¿a ti no te gusta la carne de cocodrilo? ¿La gente de tu pueblo no apetecerá un buen bisté de cocodrilo? En realidad, tú no soltaste del todo al cocodrilo: tiene atrapada la mayor parte del cuerpo en la red. ¿Por qué no vas a la aldea y los traes a todos para que preparen un banquete?

El niño le hizo caso; fue a la aldea y llamó a los hombres. Éstos trajeron hachas, porras y lanzas, y dieron muerte al cocodrilo. El perro del niño también vino, y cuando vio al conejo, lo persiguió, lo atrapó y lo degolló. El niño llegó demasiado tarde, y, viendo morir al conejo, dijo: "El cocodrilo tenía razón: Así es el mundo. Es la ley de la vida".

¡No hay ninguna explicación para todos los sufrimientos, y los males y las torturas y la destrucción y el hambre que hay en el mundo! Eso nunca se lo podrá explicar uno; puede intentarlo con sus fórmulas, religiosas o de otra índole, pero nunca se lo explicará. Porque la vida es un misterio, lo cual quiere decir que con su mente racional, uno no puede explicárselo. Para eso tiene que despertar y entonces se dará cuenta repentinamente de que la realidad no es el problema, el problema es uno mismo.

❅

EL SONAMBULISMO

Las Escrituras siempre lo están insinuando, pero uno nunca comprenderá una palabra de lo que dicen las Escrituras hasta que despierte. La gente dormida lee las Escrituras y crucifican al Mesías basándose en ellas. Para entender las Escrituras, uno debe despertar. Cuando despierta, ellas tienen sentido. Lo mismo que la realidad. Pero uno nunca podrá expresarlo con palabras. ¿Usted preferiría hacer algo? Pero aun así, debemos estar seguros de que usted no está actuando sencillamente para liberarse de sus sentimientos negativos. Muchas personas se lanzan a la acción, y lo único que logran es que las cosas empeoren. No proceden del amor, proceden de sentimientos negativos. Proceden de la culpa, la ira, el odio; de un sentido de injusticia, o lo que sea. Usted debe estar seguro de su "ser" antes de lanzarse a la acción. Tiene que cerciorarse de quién es usted, antes de actuar. Infortunadamente, cuando las personas dormidas se lanzan a la acción, sencillamente cambian una crueldad por otra, una injusticia por otra. Y así es. Meister Eckhart dice: "No es por sus acciones por lo cual usted se salvará" (o despertará; llámelo como quiera), "sino por su ser. No será juzgado por lo que hace, sino por lo que es". ¿De qué le sirve alimentar al hambriento, dar de beber al sediento, o visitar a los prisioneros?

Recuerde esa frase de Pablo: "Si entrego mi cuerpo a las llamas y doy todos mis bienes para alimentar a los pobres y no tengo amor..." No son sus acciones, sino su ser lo que cuenta. *Entonces* podrá lanzarse a la acción. Usted puede hacerlo o no hacerlo. No puede decidirlo hasta que despierte. Infortunadamente, todo el énfasis se concentra en cambiar el mundo y se pone muy poco énfasis en despertar. Cuando usted despierta, sabrá lo que debe hacer y lo que no debe hacer. Algunos místicos son muy raros. Como Jesús, quien dijo algo así: "Yo no fui enviado a esa gente; por ahora me limito a lo que debo hacer ahora mismo. Quizás más tarde". Algunos místicos enmudecen. Misteriosamente, algunos de ellos cantan. Algunos de ellos entran a servir. Nosotros nunca estamos seguros; en cambio, ellos son su propia ley; ellos saben exactamente lo que se debe hacer. "Láncese al calor de la batalla y mantenga su corazón a los pies del Señor", como dije antes.

Imagínese que usted no se siente bien, y está de mal humor, y que lo llevan por un hermoso paisaje. El paisaje es hermoso pero usted no está de humor para ver nada. Unos días más tarde usted pasa por el mismo sitio y dice: "¡Cielos!, ¿en dónde estaba yo que no me di cuenta de esto?" Todas las cosas son hermosas cuando uno cambia. Usted mira los árboles y las

montañas a través de unas ventanas mojadas por la lluvia de
una tormenta, y todo lo ve borroso y sin forma. Usted quiere
salir, y cambiar esos árboles, cambiar esas montañas. Espere
un momento, examinemos su ventana. Cuando cesa la tormenta y cesa la lluvia, y usted mira por la ventana, dice:
"Cómo se ve todo de diferente". No vemos a las personas ni a
las cosas como son, sino como somos nosotros. Por eso,
cuando dos personas miran algo o a alguien, se obtienen dos
reacciones diferentes. Vemos las cosas y las personas no como
son, sino como somos nosotros.

¿Recuerda esa frase de la Escritura sobre cómo todas las
cosas resultan para el bien de quienes aman a Dios? Cuando
usted finalmente despierta, no trata de que sucedan cosas
buenas; sencillamente suceden. De pronto usted comprende
que todo lo que le sucede es bueno. Piense en algunas personas con las que usted vive a quienes le gustaría hacer cambiar.
Las encuentra de mal humor, desconsideradas, poco fiables,
traicioneras, o lo que sea. Pero cuando usted sea diferente,
ellas serán diferentes. Ésa es una cura infalible y milagrosa.
El día que usted sea diferente, ellas serán diferentes. Y usted
las verá de manera diferente. Alguien que antes era temible
ahora parecerá asustado. Alguien que antes era ofensivo ahora
parecerá asustado. De repente, nadie tendrá poder para
herirlo. Nadie tiene poder para presionarlo. Es algo así: Usted
deja un libro sobre la mesa y yo lo cojo y le digo: "Usted me
está presionando con este libro. Tengo que tomarlo o no
tomarlo". La gente vive demasiado ocupada acusando a los
demás, culpando a todos los demás, culpando a la vida,
culpando a la sociedad, culpando a su vecino. Usted nunca
cambiará de esa manera; continuará viviendo su pesadilla,
nunca despertará.

Ponga en acción este programa, mil veces: a) Identifique
sus sentimientos negativos; b) comprenda que ellos están en
usted, no en el mundo, no en la realidad externa; c) no los vea
como parte esencial del "yo"; estas cosas van y vienen; d)
comprenda que cuando usted cambia, todo cambia.

EL CAMBIO COMO AVARICIA

Eso todavía nos deja con la gran pregunta: ¿Hago algo para cambiarme a mí mismo?

¡Le tengo una gran sorpresa, muchas buenas noticias! Usted no tiene que hacer nada. Cuanto más haga, peor será. Todo lo que tiene que hacer es comprender.

Piense en alguien con quien vive o con quien trabaja y que no le parece agradable, que le causa sentimientos negativos. Veamos lo que sucede. Lo primero que usted necesita comprender es que el sentimiento negativo está en usted. Usted es el responsable del sentimiento negativo, no la otra persona. Otra persona en su lugar estaría completamente calmada y a sus anchas en presencia de esa persona; no se afectaría. Usted sí. Ahora, comprenda otra cosa: usted está haciendo una exigencia. Usted espera algo de esta persona. ¿Entiende? Entonces dígale a esa persona: "Yo no tengo derecho a exigirle nada a usted". Al decir eso, descartará su expectativa. "Yo no tengo derecho a exigirle nada a usted. Claro que me protegeré de las consecuencias de sus acciones o de su mal humor o de lo que sea, pero puede seguir adelante y ser lo que quiera ser. No tengo derecho a hacerle ninguna exigencia".

Mire lo que le sucede a usted cuando hace esto. Si encuentra resistencia para decirlo, cuánto va a descubrir sobre usted mismo. Permita que el dictador que hay en usted salga a la luz, permita que el tirano salga a la luz. Usted pensaba que era un cordero, ¿verdad? Pero yo soy un tirano y usted es un tirano. Una pequeña variación de "Yo soy un asno, usted es un asno". Yo soy un dictador, usted es un dictador. Yo quiero organizarle su vida; quiero decirle exactamente cómo se espera que sea y cómo se espera que se comporte, y es mejor que usted se comporte como yo he decidido o me castigaré a mí mismo con sentimientos negativos. Recuerden lo que les dije: todos somos locos.

Una mujer me contó que su hijo había obtenido un premio en la escuela secundaria. Lo había ganado por excelencia deportiva y académica. Ella se alegraba, pero casi tenía la tentación de decirle: "No te confíes en ese premio, porque está preparándote para cuando no lo puedas hacer tan bien". Ella estaba en un dilema: cómo prevenir su futura desilusión sin desilusionarlo ahora.

Esperamos que él aprenda a medida que ella crezca en sabiduría. No se trata de lo que ella le diga. Es algo que ella llegará a ser. Entonces comprenderá. Entonces sabrá qué decir y cuándo decirlo. Ese premio fue el resultado de la competición, la cual puede ser cruel si se basa en el odio a uno mismo y a los demás. La gente se siente bien sobre la base de que otros se sientan mal; usted gana *derrotando* a otro. ¿No es terrible? ¡Aceptado como obvio en un manicomio!

Un médico norteamericano escribió sobre el efecto de la competición en su vida. Él asistió a una escuela de medicina en Suiza, en la cual había un grupo grande de norteamericanos. Cuenta que algunos de los estudiantes se conmocionaron cuando se dieron cuenta de que no había calificaciones, no había premios, no había cuadro de honor, no había un primer o segundo puesto en esa escuela. El estudiante aprobaba o no aprobaba. Dijo: "Algunos no podíamos aceptarlo. Nos volvimos casi paranoicos. Creíamos que tenía que haber algún truco". De manera que algunos se fueron para otra escuela. Los que se quedaron descubrieron algo extraño que nunca habían encontrado en las universidades norteamericanas: los estudiantes brillantes les ayudaban a los otros a aprobar, compartiendo con ellos sus apuntes. El hijo de este médico asiste a la escuela de medicina en los Estados Unidos y le cuenta que en el laboratorio la gente frecuentemente altera el microcospio de manera que el siguiente estudiante se demore tres o cuatro minutos en ajustarlo. Competición. Tienen que tener éxito, tienen que ser perfectos. Y relata una bella historia, la cual dice él que es verdadera, pero que podría ser una hermosa parábola. Había una aldea en los Estados Unidos en donde la gente se reunía por la tarde a escuchar música. Tenían un saxofonista, un tamborero y un violinista, la mayoría de ellos personas de edad. Se reunían para estar juntos y para gozar de la música, aunque no la ejecutaban muy bien. De manera que se divertían, gozaban, hasta que un día decidieron conseguir un nuevo director que tenía mucha ambición y mucha energía.

El nuevo director les dijo: "Amigos, tenemos que dar un concierto; tenemos que preparar un concierto para la aldea". Luego, gradualmente, fue descartando a algunas de las personas que no tocaban muy bien, contrató algunos músicos profesionales, organizó la orquesta, y los nombres de todos aparecieron en el periódico. ¿No era maravilloso? De manera que decidieron mudarse a la gran ciudad, y tocar allí. Pero algunos de los ancianos, con lágrimas en los ojos, dijeron: "Era tan maravilloso en los viejos tiempos cuando hacíamos mal las cosas y gozábamos con ellas". De manera que la crueldad entró en su vida, pero nadie la reconoció como crueldad. ¡Miren cuán loca se ha vuelto la gente!

Algunos de ustedes me preguntan qué quería decir cuando expresé: "Usted sea usted mismo, eso está bien, pero yo me protegeré, yo seré yo mismo". En otras palabras, no permitiré que usted me manipule. Yo viviré mi propia vida; iré por mi propio camino; permaneceré libre para pensar mis pensamientos, para seguir mis inclinaciones y mis gustos. Y a usted le diré que no. Si siento que no quiero estar en su compañía, no será por ningún sentimiento negativo que usted provoque en mí. Porque ya no lo provoca. Usted ya no tiene poder sobre mí. Sencillamente, quizá prefiera la compañía de otras personas. De manera que cuando usted me diga: "¿Vamos a cine esta noche?", yo le diré: "Lo siento, quiero ir con otra persona; me gusta la compañía de ella, más que la suya". Y eso está bien. Decirle que no a la gente — es maravilloso; es parte del despertar. Parte del despertar es que usted vive su vida como le parece. Y compréndalo: eso *no* es egoísmo. Lo egoísta es exigir que otro viva su vida de acuerdo con los gustos de usted,

o con su orgullo, o con su ganancia, o con su placer. *Eso* sí
es egoísmo. De modo que me protegeré. No me sentiré obligado
a estar con usted; no me sentiré obligado a decirle que sí. Si
su compañía me parece agradable, la disfrutaré sin aferrarme
a ella. Pero ya no lo evito a usted a causa de algún sentimiento
negativo que usted produce en mí. Usted ya no tiene ese poder.

El despertar debe ser una sorpresa. Cuando usted no espera que algo suceda, y sucede, usted se sorprende. Cuando
la esposa de Webster lo encontró besando a la empleada
doméstica, le dijo que estaba muy sorprendida. Webster era
escrupuloso en el uso preciso de las palabras (lo cual es
comprensible, puesto que escribió un diccionario), de manera
que le dijo: "No, querida, el sorprendido fui yo. ¡Tú estás
atónita!"

Algunas personas hacen del despertar una meta. Están
decididas a lograrlo; dicen: "Me niego a ser feliz hasta que haya
despertado". En este caso, es mejor que usted sea como es;
sencillamente ser consciente de su manera de ser. La simple
consciencia es felicidad, comparada con el esfuerzo de reaccionar siempre. La gente reacciona tan rápido porque no es
consciente. Usted llegará a comprender que a veces reaccio-
nará inevitablemente, aun siendo consciente. Pero a medida
que se desarrolla la consciencia, usted reacciona menos y
actúa más. Realmente no importa.

Cuentan que un discípulo le dijo a su gurú que se iba para
un sitio lejano a meditar con la esperanza de lograr el depertar.
De manera que cada seis meses le enviaba al gurú una nota
para informarlo acerca de su progreso. El primer informe
decía: "Ahora comprendo lo que significa perderse a sí mismo".
El gurú rompió la nota y la tiró al recipiente de la basura. A
los seis meses, recibió otro informe que decía: "Ahora he
logrado ser sensible a todos los seres". También la rompió. Un
tercer informe decía: "Ahora comprendo el secreto de lo uno
y lo múltiple". También lo rompió. Y así siguió durante años,
hasta que no llegaron más informes. Después de un tiempo,
al gurú le dio curiosidad, y un día se encontró con un viajero
que iba a ese sitio lejano. El gurú le dijo: "¿Por qué no averigua

qué le pasó a ese hombre?" Finalmente recibió una nota de su discípulo. Decía: "¿Qué importa?" Y cuando el gurú la leyó, dijo: "¡Lo logró! ¡Lo logró! ¡Finalmente lo logró!"

Y tenemos la historia de un soldado que estaba en el campo de batalla y que, sencillamente, dejaba su rifle en el suelo, recogía un pedazo de papel que había por ahí, y lo miraba. Luego lo dejaba caer al piso. Después se dirigía a otra parte y hacía lo mismo. Los demás decían: "Este hombre se está exponiendo a la muerte. Necesita ayuda". De manera que lo hospitalizaron y consiguieron al mejor psiquiatra para que lo tratara. Pero eso parecía no producir ningún efecto. El soldado andaba por los pabellones recogiendo pedazos de papel, los miraba distraídamente y los dejaba caer al suelo. Finalmente dijeron: "Tenemos que licenciar a este hombre". De manera que lo llamaron y le dieron un certificado de licenciamiento; él lo tomó distraídamente, lo miró, y gritó: "¿Éste es? Es éste". Finalmente lo logró.

De manera que empiecen por ser conscientes de su situación actual, cualquiera que ella sea. Deje de ser un dictador. Deje de tratar de forzarse a algo. Entonces, algún día comprenderá que, sencillamente, por la consciencia usted logró lo que estaba tratando de conseguir.

❋

UNA PERSONA TRANSFORMADA

No haga exigencias en su búsqueda de la consciencia. Es más bien como la obediencia a las leyes de tránsito. Si no las observa, paga un precio. En los Estados Unidos se conducen los vehículos por el lado derecho de la vía; en Inglaterra se conducen por la izquierda; en la India se conducen por la izquierda. Si uno no lo hace, paga un precio; no hay lugar para sentimientos lastimados o para exigencias o para expectativas; sencillamente, se cumplen las leyes de tránsito.

Usted pregunta en dónde entra la compasión, en dónde entra la culpa en todo esto. Lo sabrá cuando despierte. Si ahora mismo se siente culpable, ¿cómo puedo explicárselo? ¿Cómo sabría lo que es la compasión? A veces la gente trata de imitar a Cristo, pero cuando un mico toca el saxofón, eso no lo convierte en un músico. No se puede imitar a Cristo imitando su comportamiento externo. Hay que ser Cristo. Entonces sabrá usted exactamente qué hacer en una situación particular, teniendo en cuenta su temperamento, su carácter, y el carácter y el temperamento de la persona con la que está tratando. Nadie tiene que decírselo. Pero para eso, usted debe ser lo que Cristo era. Una imitación exterior no lo llevará a ninguna parte. Si usted cree que la compasión implica debilidad, entonces no puedo describirle la compasión, no hay forma, porque la compasión puede ser muy dura. La compasión puede ser muy brusca, la compasión puede sacudirlo, la compasión puede remangarse y "operarlo". La compasión es muchas cosas. La compasión puede ser muy dulce, pero no hay manera de saberlo. Solamente cuando usted se convierta en amor — en otras palabras, cuando usted haya dejado sus ilusiones y sus afectos — "sabrá".

A medida que usted se identifique menos con el "yo", se irá sintiendo más cómodo con todos y con todo. ¿Sabe por qué? Porque ya no teme que alguien lo lastime o no guste de usted. Ya no quiere impresionar a nadie. ¿Puede imaginarse el alivio cuando ya no quiera impresionar a nadie? ¡Qué descanso! ¡Qué felicidad! Ya no siente la necesidad de explicar las cosas. ¿Qué hay para explicar? Y ya no siente la necesidad de presentar excusas. Yo preferiría oírle decir: "Desperté", que oírle decir: "Lo siento muchísimo". Preferiría que me dijera: "Desde la última vez que nos vimos he despertado; lo que le hice no volverá a suceder", que oírle decir: "Siento mucho lo que le hice". ¿Por qué habría que presentar excusas? Ahí hay algo que usted puede explorar. Aun en el caso en que alguien haya sido desconsiderado con uno, no hay lugar para pedir excusas.

Nadie fue desconsiderado con uno. Fue desconsiderado con lo que pensaba que era uno, pero no con uno. A usted nunca lo rechazan; rechazan solamente lo que creen que usted es. Pero eso es de doble dirección. Tampoco lo aceptan siempre. Hasta que despiertan, la personas sencillamente aceptan o rechazan la imagen que tienen de usted. Han fabricado una imagen de usted, y la rechazan o la aceptan. Vean lo devastador que es profundizar en esto. Es un poco demasiado liberador. Pero qué fácil es amar a los demás cuando se comprende esto. Qué fácil es amar a todo el mundo cuando uno no se identifica con lo que ellos se imaginan que es uno o que son ellos. Se vuelve fácil amarlos, amarlos a todos.

Yo me observo a "mí", pero no pienso en "mí". Porque el "mí" que piensa también piensa muchas veces mal. Pero cuando me observo a "mí", estoy constantemente consciente de que se trata de una reflexión. En realidad, uno no piensa realmente en "yo" y en "mí". Uno es como una persona que conduce un automóvil; no quiere perder la consciencia acerca de ese automóvil. Está bien soñar despierto, pero uno no debe perder la consciencia acerca de lo que lo rodea. Debe estar siempre alerta. Es como una madre que duerme; no oye los aviones que pasan por encima de la casa, pero oye el menor gemido de su bebé. Ella está alerta; en ese sentido, está despierta. Uno no puede decir nada acerca de estar despierto; solamente puede hablar acerca de estar dormido. Uno sugiere el estado del despertar. No puede decir nada sobre la felicidad. La felicidad no se puede definir. Lo que se puede definir es la infelicidad. Deje la infelicidad y sabrá. El amor no se puede definir; el desamor sí. Deje el desamor, deje el miedo, y sabrá. Queremos averiguar cómo es la persona despierta. Pero usted sólo lo sabrá cuando llegue allí.

¿Estoy sugiriendo, por ejemplo, que no debemos hacerles exigencias a nuestros hijos? Lo que dije fue: "Usted no tiene derecho a hacer exigencias". Tarde o temprano, ese hijo va a tener que liberarse de usted, de acuerdo con la instrucción del Señor. Y usted no tendrá ningún derecho sobre él. En verdad, él realmente no es su hijo, y nunca lo fue. Él le pertenece a la vida, no a usted. Nadie pertenece a usted. De lo que usted está hablando es de la educación de su hijo. Si quiere almorzar, venga entre las doce y la una o no habrá almuerzo, y punto. Así es como son las cosas aquí. Si no viene a tiempo, no almuerza. Usted es libre, eso es verdad, pero debe aceptar las consecuencias.

Cuando hablo de no esperar nada de los demás, o de no hacerles exigencias, me refiero a esperar y exigir algo para mi propio bienestar. Obviamente, el presidente de un país tiene que hacerle exigencias a la gente. El policía de tránsito obviamente tiene que hacerle exigencias a la gente. Pero son exigencias sobre su comportamiento — leyes de tránsito, buena organización, el funcionamiento adecuado de la sociedad. No se proponen hacer sentir bien al presidente ni al policía de tránsito.

❋

LA LLEGADA AL SILENCIO

Todos me preguntan qué sucederá cuando finalmente lleguen. ¿Es simple curiosidad? Siempre estamos preguntando cómo se acomodará esto en ese sistema, o si esto tendrá sentido en ese contexto, o qué se sentirá cuando lleguemos. Empiece y lo sabrá; eso no puede describirse. En el Oriente se dice: "Los que saben no lo dicen; los que lo dicen, no lo saben". No se puede decir; sólo se puede decir lo contrario. El gurú no puede darle la verdad. La verdad no se puede poner en palabras, en una fórmula. Eso no es la verdad. Eso no es la realidad. La realidad no se puede poner en una fórmula. El gurú sólo puede señalarle a usted sus errores. Cuando deje sus errores, conocerá la verdad. E incluso entonces usted no puede decirla. Ésta es una enseñanza común entre los grandes místicos católicos. El gran Tomás de Aquino, al final de su vida, no escribía y no hablaba; había visto. Yo creía que él había guardado este famoso silencio durante un par de meses, pero continuó guardándolo durante años. Se dio cuenta de que había hecho el ridículo, y lo dijo explícitamente. Es como si ustedes nunca hubieran probado un mango verde y me preguntaran: "¿A qué sabe?" Yo les diría: Es "ácido", pero al darles una palabra, los he alejado de la pista. Traten de comprender esto. La mayoría de las personas no son muy sabias; toman la palabra — la palabra de las Escrituras, por ejemplo — y todo lo entienden mal. "Ácido", digo yo, y ustedes preguntan: "¿Ácido como el vinagre, ácido como un limón?" No; no es ácido como un limón, sino ácido como un mango. "Pero nunca lo he probado", dice usted. ¡Qué lástima! Sin embargo, usted continúa, y escribe una tesis doctoral sobre el mango. No lo haría si lo hubiera probado. Realmente no lo haría. Habría escrito una tesis doctoral sobre otras cosas, pero no sobre los mangos. Y el día que finalmente usted pruebe un mango verde, usted dirá: "¡Dios mío, hice el ridículo! No debí haber escrito esa tesis". Eso fue exactamente lo que Tomás de Aquino hizo.

Un gran filósofo y teólogo alemán escribió todo un libro sobre el silencio de Santo Tomás. Sencillamente, guardaba silencio. No hablaba. En el prólogo de su *Summa Theologica*, la cual es el resumen de su teología, dice: "Sobre Dios, no podemos decir lo que es, sino lo que no es. Y, por tanto, no podemos hablar acerca de cómo es, sino de cómo no es". Y en su famoso comentario sobre la obra de Boecio *De Sancta Trinitate*, dice que hay tres maneras de conocer a Dios: 1) En la creación, 2) en las acciones de Dios en la historia y 3) en la forma más elevada de conocimiento de Dios: conocer a Dios *tamquam: ignotum* (conocer a Dios como lo que no se conoce).

La manera más alta de hablar sobre la Trinidad es saber que uno no sabe. Ahora, no se trata de un maestro Zen oriental hablando. Se trata de un santo canonizado por la Iglesia Católica Romana, del príncipe de los teólogos durante siglos. Conocer a Dios como lo que no se conoce. En otro lugar, Santo Tomás llega a decir: como lo inconocible. La realidad, Dios, la divinidad, la verdad, el amor son inconocibles; eso quiere decir que no pueden ser comprendidos por la mente discursiva. Eso solucionaría muchas preguntas que hace la gente porque siempre vivimos con la ilusión de que sabemos. No sabemos. No podemos saber.

Entonces, ¿qué son las Escrituras? Son una sugerencia, una pista, no una descripción. El fanatismo de un creyente sincero que cree que sabe, causa más daño que los esfuerzos aunados de doscientos bandidos. Es aterrador ver lo que los creyentes sinceros pueden hacer porque creen que saben. ¿No sería maravilloso que tuviéramos un mundo en el cual todos dijeran: "No sabemos"? Caería una gran barrera. ¿No sería maravilloso?

Un ciego de nacimiento me pregunta: "¿Qué es esa cosa que llaman verde?" ¿Cómo se le describe el color verde a un ciego de nacimiento? Se usan analogías. Entonces digo: "El color verde es algo como una música suave". "Ah", dice él, "como música suave". "Sí", le digo, "música sosegada y suave". Otro ciego me pregunta: "¿Qué es el color verde?" Le digo que es algo suave como el raso, muy sosegado y suave al tacto. Al día siguiente me doy cuenta de que los dos ciegos están peleando a botellazos. El uno dice: "Es suave como la música"; el otro dice: "Es suave como el raso". Y así sigue la cosa. Ninguno de los dos sabe de qué está hablando, porque si lo supieran se quedarían callados. Así es de grave el asunto. Es peor aún, porque digamos que un día el ciego ve, y se sienta en el jardín y mira alrededor, y usted le dice: "Bueno, ahora usted sabe cómo es el color verde". Y él responde: "Es verdad. Lo oí un poco esta mañana".

La verdad es que usted está rodeado de Dios y no ve a Dios porque "sabe" acerca de Dios. El obstáculo final para la visión de Dios es el concepto que usted tiene de Dios. No encuentra a Dios porque cree que sabe. Eso es lo terrible de la religión. Eso es lo que los Evangelios decían, que la gente religiosa "sabía", de manera que eliminaron a Jesús. El más alto conocimiento de Dios es conocerlo como inconocible. Se habla demasiado de Dios; todo el mundo está cansado de oírlo. Hay muy poca consciencia, muy poco amor, muy poca felicidad, pero tampoco usemos esas palabras. Se renuncia muy poco a las ilusiones, a los errores, a los apegos y a la crueldad, hay muy poca consciencia. El mundo sufre por eso, no por falta de religión. Se supone que la religión versa sobre una falta de consciencia, de despertar. Miren en qué hemos caído. Vengan a mi país y véanlos matándose por las religiones. Esto lo encontrarán ustedes en todas partes. "El que sabe, no dice; el que dice, no sabe". Todas las revelaciones, por divinas que sean, nunca son más que un dedo que señala la Luna. Como decimos en el Oriente: "Cuando el sabio señala la Luna, el idiota no ve sino el dedo".

Jean Guiton, un escritor francés muy piadoso y ortodoxo, agrega un comentario aterrador: "Con frecuencia utilizamos el dedo para sacar los ojos". ¿No es terrible? ¡Consciencia, consciencia, consciencia! En la consciencia está la curación; en la consciencia está la verdad; en la consciencia está la salvación; en la consciencia está el amor; en la consciencia está el despertar. Consciencia.

Necesito hablar sobre las palabras y los conceptos porque debo explicarles por qué, cuando miramos un árbol, realmente no vemos. *Creemos* que vemos, pero no vemos. Cuando miramos a una persona, realmente no la vemos, sólo creemos que vemos. Lo que vemos es algo que fijamos en la mente. Recibimos una impresión y nos aferramos a ella, y seguimos mirando a la persona a través de esa impresión. Y hacemos esto con casi todo. Si ustedes comprenden eso, comprenderán la amabilidad y la belleza de ser conscientes de todo lo que los rodea. Porque la realidad está ahí; "Dios", sea lo que sea, está ahí. Todo está ahí. El pececito en el océano dice: "Perdón, estoy buscando el océano. ¿Puede decirme dónde lo encuentro?"

Patético, ¿verdad? Si sólo abriéramos los ojos y viéramos, entonces comprenderíamos.

✳

PERDER LA CARRERA

Regresemos a esa maravillosa frase del Evangelio de perdernos para encontrarnos. Se encuentra en la mayoría de la literatura religiosa y en toda la literatura espiritual y mística.

¿Cómo hace uno para perderse? ¿Alguna vez trató usted de perder algo? Correcto, cuanto más esfuerzo se haga, más difícil es. Las cosas se pierden cuando no se hace esfuerzo. Usted pierde algo cuando no está consciente. Bien, ¿cómo hace uno para morirse? Estamos hablando de la muerte, no del suicidio. No nos dice que nos matemos, nos dice que muramos. Causarnos dolor, causarnos sufrimiento sería contraproducente. Uno nunca está tan lleno de sí mismo como cuando tiene dolor. Nunca está tan centrado en sí mismo como cuando está deprimido. Nunca está tan dispuesto a olvidarse de sí mismo como cuando está feliz. La felicidad lo libera de sí mismo. Son el sufrimiento y el dolor y la tristeza y la depresión lo que lo ata a uno a sí mismo. Observe cuán consciente está usted de su muela cuando le duele. Cuando no tiene dolor de muela ni siquiera se da cuenta de que tiene muelas, ni de que tiene cabeza, cuando no le duele la cabeza. Pero es muy diferente cuando tiene un terrible dolor de cabeza.

De manera que es erróneo, es falso, pensar que la manera de liberarse de uno mismo es causarse dolor, ser abnegado, mortificarse, como estas cosas se entendían tradicionalmente. Negarse, morir, perderse, es comprenderse a sí mismo, comprender su verdadera naturaleza. Cuando uno haga eso, desaparecerá; se desvanecerá. Imagínense ustedes que alguien llega un día a mi alcoba. Yo le digo:

— Entre. ¿Quién es usted?

Y él contesta:

— Yo soy Napoleón.

Y yo le digo:

— No el Napoleón...

Y él responde:

— Precisamente: Bonaparte, el Emperador de Francia.

— ¡No me diga! — exclamo, mientras pienso: "Hay que tratar a éste con cuidado —. Siéntese, Su Majestad.

— Bien, me dicen que usted es un buen director espiritual. Tengo un problema espiritual. Estoy intranquilo, me cuesta trabajo confiar en Dios. Mire usted: Yo tengo mis tropas en Rusia, y por las noches no puedo dormir pensando cómo resultará todo.

— Bien, Su Majestad — le respondo —, ciertamente podría aconsejarle algo. Le sugiero que lea el capítulo 6 de Mateo: "Mirad los lirios del campo ... ellos no trabajan ni hilan".

En este momento me pregunto quién está más loco, si ese hombre o yo. Pero le sigo la corriente al loco. Eso es lo que hace el gurú sabio con usted al principio. Le sigue la corriente; toma en serio sus problemas. Le secará una o dos lágrimas. Usted está loco, pero todavía no lo sabe. Pronto llegará el momento en que el gurú le quite el piso, y le diga: "Olvídese, usted no es Napoleón". En esos famosos diálogos de Santa Catalina de Siena, se dice que Dios le dijo: "Yo soy el que es; tú eres la que no es". ¿Han sentido alguna vez su no-ser? En el Oriente tenemos una imagen para esto. Es la imagen del danzarín y la danza. Se ve a Dios como el danzarín y a la creación como la danza de Dios. No es como si Dios fuera el danzarín grande, y usted fuera un danzarín pequeño. Ah, no. Usted no es un danzarín. Usted es la danza. ¿Alguna vez sintió eso? De manera que cuando el hombre recupera sus facultades mentales y se da cuenta de que no es Napoleón, no deja de existir. Sigue existiendo, pero de pronto se da cuenta de que es algo diferente de lo que él pensaba que era.

Perderse es darse cuenta de repente de que uno es algo diferente de lo que pensaba que era. Usted creía que estaba en el centro; ahora se percibe como un satélite. Usted pensaba que era un danzarín; ahora se siente como una danza. Éstas son sólo analogías, imágenes, de manera que no las tome literalmente. Apenas le dan una pista, un indicio; son sólo señales, no lo olvide. De manera que usted no puede pedirles demasiado. No las tome demasiado literalmente.

❋
VALOR PERMANENTE

Pasando a otra idea, hablemos del problema de la valía personal. La valía personal no significa el valor de uno mismo. ¿De dónde procede el valor de uno mismo? ¿Se obtiene del éxito en el trabajo? ¿Se obtiene de tener mucho dinero? ¿Se obtiene de atraer a muchos hombres (si usted es mujer) o a muchas mujeres (si usted es hombre)? Cuán frágil es eso, cuán transitorio. Cuando hablamos del valor de uno mismo, ¿no estamos hablando realmente de cómo nos reflejamos en el espejo de la mente de los demás? Pero ¿tenemos que depender de eso? Uno comprende su propia valía personal cuando ya no se identifica o se define en función de esas cosas pasajeras. No me vuelvo bello por el hecho de que todos digan que soy bello. Realmente, no soy ni bello ni feo. Estas cosas van y vienen. Mañana podría transformarme en una criatura muy fea, pero todavía sería "yo". Entonces, digamos que me hago la cirugía plástica y otra vez vuelvo a ser hermoso. ¿El "yo" realmente se vuelve hermoso? Es necesario dedicar mucho tiempo a reflexionar sobre estas cosas. Se las he dicho rápidamente, pero si dedican tiempo a comprender lo que he dicho, para profundizar en ello, tendrán una mina de oro. Lo sé, porque cuando lo descubrí la primera vez, descubrí un verdadero tesoro.

Las experiencias placenteras hacen la vida deliciosa. Las experiencias dolorosas llevan al crecimiento. Las experiencias placenteras hacen la vida deliciosa, pero de por sí no llevan al crecimiento. Lo que lleva al crecimiento son las experiencias dolorosas. El sufrimiento señala un área en la cual uno todavía no ha crecido, en la cual uno necesita crecer y transformarse y cambiar. Si supieran utilizar el sufrimiento, ¡ah, cuánto crecerían! Limitémonos por ahora al sufrimiento psicológico, a todas esas emociones negativas que tenemos. No pierdan su tiempo en ninguna de ellas. Ya les he dicho lo que podrían hacer con esas emociones. La decepción que tienen ustedes cuando las cosas no les resultan como querían, ¡obsérvenla! Miren lo que ella dice de ustedes. Lo digo sin condenar (de otra manera quedarían atrapados en el odio hacia ustedes mismos). Obsérvenla como la observarían en otra persona. *Observen* esa decepción, esa depresión que ustedes sufren cuando los critican. ¿Qué dice ella de ustedes?

¿Han oído hablar de aquella persona que dijo: "¿Quién dice que la preocupación no sirve? Ciertamente ayuda. ¡Cada vez que me preocupo por algo, no sucede!"? Bien, ciertamente le sirvió a *ella*. O el otro que dijo: "La persona neurótica es la que se preocupa por algo que no ocurrió en el pasado. No es como nosotros, las personas normales, que nos preocupamos por las cosas que no ocurrirán en el futuro". De eso se trata. Esa preocupación, esa ansiedad, ¿qué dicen de uno?

Los sentimientos negativos, todo los sentimientos negativos, son útiles para la consciencia, para la comprensión. Le dan a uno la oportunidad de sentirlos, de observarlos desde fuera. Al comienzo, la depresión todavía estará allí, pero usted habrá cortado su conexión con ella. Gradualmente, comprenderá la depresión. A medida que la comprenda, le dará con menos frecuencia, y desaparecerá por completo. Tal vez, pero en ese momento ya no importará gran cosa. Antes del despertar yo solía deprimirme. Después del despertar sigo deprimido. Pero gradualmente, o rápidamente, o de repente, uno llega al estado del despertar. Éste es el estado en que uno descarta sus deseos. Pero recuerden lo que quiero decir con deseos y anhelos. Quiero decir: "A menos que obtenga lo que deseo, me niego a ser feliz". Quiero decir, los casos en que la felicidad depende de que se cumpla el deseo.

DESEO, NO PREFERENCIA

No supriman el deseo, porque entonces no tendrían vida. Perderían la energía, y eso sería terrible. En el sentido salu- dable de la palabra, el deseo es energía, y cuanta más energía tengamos, mejor. Pero no supriman el deseo. Compréndanlo. No busquen tanto satisfacer el deseo como comprenderlo. Y no renuncien simplemente a los objetos de su deseo, compréndanlos; véanlos en su verdadera luz. Véanlos como lo que realmente son. Porque si ustedes simplemente suprimen su deseo, e intentan renunciar al objeto de su deseo, probable- mente se verán atados a él. En cambio, si lo miran y lo ven en su verdadero valor, si comprenden que están preparando el camino para la desdicha, la decepción y la depresión, su deseo se transformará en lo que yo llamo una preferencia.

Cuando uno se va por la vida con preferencias pero no permite que la felicidad dependa de ninguna de ellas, entonces está despierto. Va avanzando hacia el despertar. Estar des- pierto, felicidad — llámelo como quiera — es el estado en que no hay engaño, en que uno ve las cosas no como *uno* es, sino como *ellas* son, hasta donde esto le es posible a un ser humano. Dejar las ilusiones, ver las cosas, ver la realidad. Cada vez que usted está triste, le agrega algo a la realidad. Es eso lo que lo hace desdichado. Repito: usted agrega algo ... una reacción negativa en usted. La realidad proporciona el estímulo, usted proporciona la reacción. Usted agrega algo con su reacción. Y si examina lo que agrega, siempre hay ahí una ilusión, hay una exigencia, una expectativa, un anhelo. Siempre. Los ejemplos de las ilusiones abundan: Pero a medida que usted comience a avanzar en este camino, las irá descubriendo usted mismo.

Por ejemplo, la ilusión, el error de creer que cambiando el mundo exterior *usted* cambiará. Usted no cambia si sencillamente cambia su mundo exterior. Si usted consigue un nuevo empleo o un nuevo cónyuge o un nuevo hogar o un nuevo gurú o una nueva espiritualidad, eso no lo cambia a usted. Es como creer que cambia la letra cambiando de estilográfica. O que cambia la capacidad de pensar cambiando de sombrero. Eso no lo cambia realmente, pero la mayoría de los seres humanos gastan toda su energía tratando de reorganizar su mundo exterior de acuerdo con sus gustos. A veces tienen éxito — durante unos cinco minutos — y obtienen algo de alivio, pero incluso durante ese momento de alivio están tensos, porque la vida siempre fluye, la vida siempre cambia.

De manera que si ustedes quieren vivir, no deben tener una morada permanente. No deben tener en dónde reclinar la cabeza. Tienen que fluir con la vida. Como dijo el gran Confucio: "Quien quiera ser constante en la felicidad debe cambiar con frecuencia". Fluya. Pero siempre miramos hacia atrás, ¿no es verdad? Nos aferramos a las cosas del pasado y nos aferramos a las cosas del presente. "Cuando uno pone la mano en el arado, no puede mirar hacia atrás". ¿Quieren disfrutar de una melodía? ¿Quieren disfrutar de una sinfonía? No se aferren a unos pocos compases de música. No se aferren a un par de notas. Déjenlas pasar, déjenlas fluir. Todo el goce de una sinfonía depende de su disposición para dejar que las notas pasen. En cambio, si a ustedes les gustara determinado compás, y le gritaran a la orquesta, "Tóquenlo varias veces", eso ya no sería una sinfonía. ¿Conocen ustedes los cuentos de Nasr-ed-Din, el viejo mullah? Él es una figura legendaria que los griegos, los turcos y los persas reclaman como propia. Enseñaba su doctrina mística en forma de cuentos, generalmente chistosos. Y el desenlace del cuento siempre era Nasr-ed-Din.

Un día Nasr-ed-Din estaba tocando en una guitarra solamente una nota. Al cabo de un rato, una multitud se reunió alrededor (era en el mercado) y uno de los hombres que estaba sentado en el suelo dijo:

— Mullah, esa nota que está tocando es bonita, pero ¿por qué no la varía un poco como hacen los otros músicos?

— Esos son unos tontos — dijo Nasr-ed-Din —. Ellos están *buscando* la nota correcta. Yo ya la *encontré.*

AFERRARSE A LA ILUSIÓN

Cuando usted se aferra a algo, la vida se destruye; cuando usted se sujeta a algo, usted deja de vivir. Eso está en todas las páginas del Evangelio. Compréndalo. Comprenda también otra ilusión, que la felicidad no es lo mismo que la excitación, no es lo mismo que las emociones. Eso es otra ilusión, que una emoción proviene de vivir un deseo cumplido. El deseo produce ansiedad, y, tarde o temprano producirá su resaca. Cuando usted haya sufrido lo suficiente, entonces estará listo para verlo. Usted se está alimentando de emociones. Es como alimentar a un caballo de carreras con golosinas; darle tortas y vino. Un caballo de carreras no se alimenta así. Es como alimentar a los seres humanos con droga. Usted necesita alimento y bebida buenos, sólidos, nutritivos. Es necesario que usted comprenda todo esto.

Otra ilusión es que otra persona puede hacer esto por usted, que algún salvador o gurú o maestro puede hacer esto por usted. Ni siquiera el más grande gurú del mundo puede dar un solo paso por usted. Usted mismo tiene que darlo. San

Agustín lo dijo maravillosamente: "El mismo Jesucristo no podía hacer nada por muchos de sus oyentes". O repitiendo ese hermoso proverbio árabe: "La naturaleza de la lluvia es la misma, y sin embargo produce espinas en el pantano y flores en el jardín". Usted tiene que hacerlo. Nadie más puede ayudarle. Es usted quien tiene que digerir su alimento, *usted* tiene que comprender. Nadie más puede comprender por usted. *Usted* tiene que buscar. Nadie puede buscar por usted. Y si lo que busca es la verdad, entonces *usted* tiene que hacerlo. No puede apoyarse en nadie.

Hay otra ilusión: que es importante ser respetable, ser amado y apreciado, ser importante. Muchos dicen que tenemos una necesidad natural de ser amados y apreciados, de pertenecer. Eso es falso. Descarte esta ilusión y será feliz. Tenemos una necesidad natural de ser libres, una necesidad natural de amar, pero no *de ser amados*. A veces, en mis sesiones de psicoterapia encuentro un problema muy común: Nadie me ama; ¿entonces, cómo puedo ser feliz? Le explico a la persona: "¿Quiere decir que nunca tiene momentos en que usted olvide que no es amado, y se deje ir, y sea feliz?" Por supuesto que los tiene.

Por ejemplo, una mujer está embebida en una película. Es una comedia, y ella está riéndose a mandíbula batiente, y en ese bendito momento olvida recordar que nadie la ama, nadie la ama, nadie la ama. ¡Está feliz! Entonces sale del teatro, y la amiga con que había ido a ver la película se va con un novio, y queda sola. Entonces empieza a pensar: "Todas mis amigas tienen novio y yo no. Soy tan infeliz. *¡Nadie me ama!*"

En la India, muchos de los pobres están empezando a conseguir radios de transistores, que son un lujo. "Todo el mundo tiene un transistor", se oye decir, "pero yo no tengo un transistor; soy tan infeliz". Hasta que todo el mundo empezó a conseguir transistores, eran perfectamente felices sin tener uno. Así le pasa a usted. Hasta que alguien le dijo que no sería feliz a menos que fuera amado, usted estaba perfectamente feliz. Usted puede ser feliz sin ser amado, sin ser deseado o atractivo. Usted es feliz en el contacto con la realidad. Eso es lo que trae la felicidad, un contacto con la realidad a cada momento. Allí es en donde encontrará a Dios; allí es en donde encontrará la felicidad. Pero la mayoría de la gente no está preparada para oír eso.

Otra ilusión es que los acontecimientos externos tienen poder para lastimarlo a uno, que otras personas tienen poder para lastimarlo. No, no lo tienen. Usted es el que les da ese poder.

Otra ilusión: Usted *es* todos esos rótulos que la gente le ha dado, o que usted mismo se ha dado. ¡Usted no es eso, no es eso! De manera que no tiene por qué aferrarse a ellos. El día que alguien me diga que soy un genio y yo lo tome en serio, tendré grandes problemas. ¿Puede comprender por qué? Porque ahora empezaré a ponerme tenso. Tengo que cumplir las expectativas, tengo que mantenerlo. Tengo que averiguar después de cada conferencia: "¿Le gustó la conferencia? ¿Todavía cree que soy un genio?" ¿Ve? ¡De manera que lo que usted necesita hacer es romper el rótulo! ¡Rómpalo, y será libre! No se identifique con esos rótulos. Eso es lo que otra persona piensa. Así fue como ella lo vio en ese momento. ¿Es usted de verdad un genio? ¿Es usted un loco? ¿Es usted un místico? ¿Está chiflado? ¿Qué importa, en realidad? Siempre y cuando que usted siga siendo consciente, viviendo la vida en cada momento. Qué maravillosamente se describe eso en aquellas palabras del evangelio: "Mirad las aves del cielo: ellas no siembran ni cosechan ni almacenan en graneros ... Mirad los lirios del campo ... ni se afanan ni hilan". Así habla el verdadero místico, la persona que despertó.

¿Entonces por qué está angustiado? ¿Puede usted con toda sus angustias agregar un solo día a su vida? ¿Por qué preocuparse por el mañana? *Métase en el hoy.* Alguien dijo: "La vida es algo que sucede mientras estamos ocupados haciendo otros planes". Eso es patético. Viva el momento presente. Ésta es una de las cosas que usted notará que le sucede a medida que despierta. Se encontrará viviendo en el presente, gustando de cada momento a medida que lo vive. Otro buen signo es cuando usted oye la sinfonía, unas notas después de las otras, sin intentar detenerla.

❊
ABRAZARSE A LOS RECUERDOS

Eso me lleva a otro tema, a otro tópico. Pero este nuevo tema se relaciona mucho con lo que he venido diciendo y con mi indicación de ser consciente de todas las cosas que le agregamos a la realidad. Miremos esto paso a paso.

El otro día un jesuita me contó que hace varios años estaba dando una charla en Nueva York, en donde los puertorriqueños eran muy impopulares en ese momento debido a algún incidente. Todo el mundo decía toda suerte de cosas contra ellos. De manera que en la charla dijo: "Voy a leerles algunas de las cosas que la gente de Nueva York dijo sobre ciertos inmigrantes". Lo que les leyó fue realmente lo que la gente había dicho sobre los irlandeses, y sobre los alemanes, y sobre todas las otras olas de inmigrantes que habían llegado a Nueva York años antes. Él lo dijo muy bien: "Estas personas no traen la delincuencia con ellos; se convierten en delincuentes cuando se enfrentan con ciertas condiciones aquí. Debemos comprenderlos. Si ustedes quieren solucionar la situación, es inútil que reaccionen con prejuicio. Ustedes tienen que comprender, no condenar". Así es como se logra el cambio de uno mismo. No condenando, no insultándose a sí mismo, sino comprendiendo lo que está sucediendo. No llamándose a sí mismo un sucio pecador. ¡No, no, no, no!

Para obtener consciencia, usted tiene que ver, y no puede ver si tiene prejuicios. Miramos con prejuicio casi todas las cosas y a casi todas las personas. Es casi suficiente para desanimar a cualquiera.

Es como encontrarse con un viejo amigo a quien no veía hace mucho tiempo. "Hola, Tom", le digo, "qué bueno verte", y le doy un gran abrazo. ¿A quién estoy abrazando, a Tom o al recuerdo que tengo de él? ¿Un ser humano vivo, o un

cadáver? Estoy suponiendo que todavía es el muchacho interesante que yo creía que era. Estoy suponiendo que todavía
responde a la idea que tengo de él con mis recuerdos y
asociaciones. De manera que le doy un gran abrazo. Cinco
minutos después me doy cuenta de que él ha cambiado y ya
no me interesa. Abracé a una persona que no era.

Si quieren saber cuán verdadero es esto, escuchen: Una
religiosa de la India va a hacer un retiro. Todo el mundo en
la comunidad dice: "Ah, ya lo sabemos, eso es parte de su
carisma; ella siempre va a seminarios y a retiros; nunca la
cambiará nada". Bueno, sucede que esta hermana sí cambia
en este seminario, o grupo de terapia, o lo que sea. Ella
cambia; todo el mundo se da cuenta de la diferencia. Todo el
mundo dice: "Realmente has comprendido muchas cosas". Es
verdad, y ellos pueden ver la diferencia en su comportamiento,
en su cuerpo, en su rostro. Siempre se nota cuando hay un
cambio interior. Siempre se ve en el rostro, en los ojos, en el
cuerpo. Bien, la hermana regresa a su comunidad, y como la
comunidad tiene un prejuicio, una idea fija sobre ella, van a
seguir mirándola con los ojos del prejuicio. Ellas son las
únicas que no ven en ella ningún cambio. Dicen: "Sí, parece
estar más animada, pero esperen: se volverá a deprimir". Y en
unas pocas semanas, se deprime de nuevo; ella está reaccionando a la reacción de las otras. Y todas dicen: "¿Ven? Ya lo
habíamos dicho; no ha cambiado". Lo trágico es que sí había
cambiado, pero ellas no lo veían. La percepción tiene consecuencias devastadoras en los asuntos del amor y de las
relaciones humanas.

Cualquiera que sea una relación, ciertamente implica dos
cosas: claridad de percepción (tanta cuanta sea nuestra capacidad de ella; algunas personas discutirían hasta dónde podemos lograr claridad de percepción, pero no creo que nadie
discuta que es deseable aproximarnos a ella) y precisión en la
respuesta. Es más probable que uno responda con precisión
cuando percibe con claridad. Cuando su percepción está
distorsionada, no es probable que responda con precisión.
¿Cómo puede uno amar a alguien a quien ni siquiera ve?

¿Usted ve realmente a alguien a quien está ligado? ¿Realmente ve a alguien a quien teme y que, por lo tanto, no le gusta? Siempre odiamos aquello que tememos.

"El temor del Señor es el comienzo de la sabiduría", me dice a veces la gente. Pero espere un momento. Espero que comprendan lo que están diciendo, porque siempre odiamos aquello que tememos. Siempre queremos librarnos de lo que tememos, destruir y evitar lo que tememos. Cuando usted teme a alguien, a usted no le gusta esa persona. Usted detesta a esa persona, tanto cuanto la teme. Y usted tampoco *ve* a esa persona porque sus emociones interfieren. Bien, eso también es cierto cuando alguien le resulta atractivo. Cuando llega el verdadero amor, ya no le gustan o le disgustan las personas en el sentido ordinario de la palabra. Usted las ve con claridad y responde con precisión. Pero en ese nivel humano, sus gustos y sus antipatías y sus preferencias y sus atracciones, etc., siguen interfiriendo. De manera que debe ser consciente de sus prejuicios, sus gustos, sus antipatías, sus atracciones. Todos ellos están presentes, provienen de su condicionamiento. ¿Por qué a usted le gustan cosas que a mí me disgustan? Porque su cultura es diferente de la mía. Su educación es diferente de la mía. Si yo le diera a usted algunas de las cosas de comer que a mí me gustan, usted se apartaría con asco.

En algunas partes de la India, a la gente le gusta la carne de perro. Pero otras personas, si les dijeran que les están dando filete de perro, enfermarían. ¿Por qué? Condicionamientos diferentes, programaciones diferentes. Los hindúes enfermarían si supieran que habían comido carne de res, pero a los americanos les encanta. Ustedes preguntan: "Pero ¿por qué no comen carne de res?" Por las mismas razones por las cuales ustedes no se comerían a su perro. La misma razón. Para el campesino hindú la vaca es lo que para usted es su perro. No se la quiere comer. Hay un prejuicio cultural que salva a ese animal que se necesita para la agricultura, etc.

Entonces, realmente, ¿por qué me enamoro de una persona? ¿Por qué me enamoro de una clase de persona y no de otra? Porque estoy condicionado. Subconscientemente, tengo la imagen de que esa clase particular de persona me gusta, me atrae. De modo que cuando me encuentro con esta persona, me enamoro totalmente. ¿Pero la he visto? ¡No! La veré después de casarme con ella; es entonces cuando llega el despertar. Y es entonces cuando puede empezar el amor. Pero enamorarse no tiene nada que ver con el amor. No es amor; es deseo, ardiente deseo. Usted quiere, con todo su corazón, que esta criatura adorable le diga que usted la atrae. Eso le da una gran sensación. Mientras tanto, todo el mundo dirá: "¿Qué diablos será lo que le ve?" Pero es su condicionamiento — usted no *ve*. Dicen que el amor es ciego. Créanme, no hay nada que tenga una visión tan clara como el verdadero amor, nada. Es lo que puede ver más claramente en el mundo. Las adicciones son ciegas, los apegos son ciegos. El aferramiento, el anhelo y el deseo son ciegos. Pero no el verdadero amor. Pero, por supuesto, la palabra ha sido degradada en la mayoría de las lenguas modernas. La gente habla de hacer el amor y de enamorarse. Como el niño que le dice a la niña:

— ¿Alguna vez has sentido amor?

Y ella le contesta:

— No, pero he sentido *gusto*.

Entonces, ¿de qué habla la gente cuando se enamora? Lo primero que necesitamos es claridad de percepción. Una de las razones por las cuales no percibimos claramente a la gente es evidente: nuestras emociones interfieren, nuestros condicionamientos interfieren, nuestros gustos y nuestras aversiones interfieren. Tenemos que enfrentar este hecho. Pero tenemos que enfrentar algo mucho más fundamental: nuestras ideas, nuestras conclusiones, nuestros conceptos. Creámoslo o no, todo concepto diseñado para ayudarnos a ponernos en contacto con la realidad acaba interfiriendo ese contacto con la realidad, porque, tarde o temprano, nos olvidamos de que las palabras no son la cosa. El concepto no es lo mismo que la realidad. Son diferentes. Por eso les dije antes que la última barrera para encontrar a Dios es la palabra "Dios" y el concepto de Dios. Ello interfiere si no se tiene cuidado. Debiera ser una ayuda; puede ser una ayuda, pero también puede ser un obstáculo.

✳

SEAMOS CONCRETOS

Cada vez que tengo un concepto, es algo que podría aplicarse a varios individuos. No nos referimos a un nombre concreto, particular, como María o Juan, los cuales no tienen un significado conceptual. Un concepto se aplica a numerosos individuos, a incontables individuos. Los conceptos son universales. Por ejemplo, la palabra "hoja" podría aplicarse a cada una de las hojas de un árbol; la misma palabra se aplica a todas esas hojas individuales. Además, la misma palabra se aplica a todas las hojas de todos los árboles, las grandes, las pequeñas, las tiernas, las secas, las amarillas, las verdes, a las hojas de plátano. De manera que si yo le digo que esta mañana vi una hoja, usted no tiene idea realmente de lo que vi.

Veamos si ustedes pueden comprender eso. Ustedes *sí* tienen una idea de lo que *no* vi. No vi un animal. No vi un perro. No vi a un ser humano. No vi un zapato. De manera que ustedes tienen una idea vaga de lo que vi, pero no es particular, no es concreta. "Seres humanos" no se refiere al hombre primitivo, ni al hombre civilizado, ni a un hombre adulto, ni a un niño, ni a un hombre o una mujer, ni a esta edad particular ni a aquélla, ni a esta cultura o a la otra, sino al concepto. El ser humano se encuentra concreto; ustedes nunca encuentran un ser humano universal como el concepto que ustedes tienen. De manera que el concepto señala, pero nunca es enteramente preciso; le falta la unicidad, la concreción. El concepto es universal.

Cuando les doy un concepto, les doy *algo*, y, sin embargo,

qué poco les he dado. El concepto es tan valioso, tan útil para la ciencia. Por ejemplo, si digo que aquí todos somos animales, eso sería perfectamente preciso desde un punto de vista científico. Pero somos algo más que animales. Si yo digo que María Juana es un animal, eso es verdad; pero como omití algo esencial sobre ella, es falso; eso es una injusticia. Cuando digo que una persona es mujer, eso es verdad; pero hay muchas cosas en esa persona que no se ajustan al concepto de "mujer". Ella siempre es esta mujer particular, concreta, única, de quien se puede tener una experiencia, pero no un concepto. A la persona concreta la debo ver yo mismo, tengo que experimentarla yo mismo, intuirla yo mismo. Se puede intuir el individuo pero no conceptualizarlo.

Una persona está más allá de la mente pensante. Probablemente muchos de ustedes se sienten orgullosos de que los llamen americanos, así como probablemente muchos hindúes se sienten orgullosos de que los llamen hindúes. ¿Pero qué es "americano", qué es "hindú"? Es un convencionalismo, no es parte de su naturaleza. No se tiene sino un rótulo. Realmente, uno no conoce a la persona. El concepto siempre falla u omite algo muy importante, algo precioso que sólo se encuentra en la realidad, la cual es unicidad concreta. El gran Krishnamurti lo dijo muy bien: "El día que usted le enseñe a un niño el nombre de un pájaro, el niño nunca volverá a ver ese pájaro". ¡Qué verdadero! La primera vez que el niño ve ese objeto blando, vivo, que se mueve, usted le dice: "Gorrión". Mañana, cuando el niño vea otro objeto blando que se mueve, similar al primero, dice: "Gorriones. He visto los gorriones. *Me aburren* los gorriones".

Si usted no mira las cosas a través de sus conceptos, nunca se aburrirá. Cada cosa es única. Cada gorrión es diferente de los demás gorriones, a pesar de las similitudes. Es de gran ayuda tener similitudes porque podemos abstraer, porque podemos tener un concepto. Eso es de gran ayuda, desde el punto de vista de la comunicación, la educación, la ciencia. Pero también es muy engañoso y un gran obstáculo para ver *este* individuo concreto. Si usted sólo tiene experiencia de su

concepto, no tiene experiencia de la realidad, porque la realidad es concreta. El concepto es una ayuda, para *llevarlo* a
usted a la realidad, pero cuando llegue, tiene que intuirla o
experimentarla directamente.

Una segunda cualidad de un concepto es que es estático,
y la realidad fluye. Utilizamos el mismo nombre para las
Cataratas del Niágara, pero esa masa de agua cambia constantemente. Tenemos la palabra "río", pero allí el agua fluye
constantemente. Tenemos una palabra para el "cuerpo" de
usted, pero las células de su cuerpo se están renovando
constantemente. Supongamos, por ejemplo, que hace mucho
viento y que yo quiero que la gente de mi país tenga una idea
de lo que es una borrasca o un huracán americano. De manera
que lo capturo en una caja de cigarros, y regreso a mi país y
digo: "Miren esto". Naturalmente, ya no es una borrasca,
¿verdad? Una vez que ha sido *capturada*. O si quiero que
ustedes sientan lo que es el movimiento de un río y se lo traigo
en un balde. En el momento en que lo pongo en el balde, deja
de fluir. En el momento en que se ponen las cosas en un
concepto, dejan de fluir; se vuelven estáticas, muertas. Una
ola congelada no es una ola. Una ola es esencialmente movimiento, acción; cuando usted la congela, ya no es una ola. Los
conceptos siempre están congelados. La realidad fluye. Finalmente, si hemos de creerles a los místicos (y no se requiere
mucho esfuerzo para comprender esto, o incluso para creerlo,
pero nadie puede verlo de inmediato), la realidad es una
totalidad, pero las palabras y los conceptos la fragmentan. Por
eso es tan difícil traducir de un idioma a otro, porque cada
idioma fragmenta la realidad de manera diferente. Es imposible traducir la palabra inglesa "home" al francés o al español.
La palabra española *"casa"* no es exactamente "home"; "home"
tiene asociaciones que son específicas del idioma inglés. Todos
los idiomas tienen palabras y expresiones que no se pueden
traducir, porque fragmentamos la realidad y agregamos o
quitamos algo, y el uso hace cambiar continuamente. La
realidad es una totalidad, y nosotros la fragmentamos para
formar conceptos, y utilizamos palabras para indicar diferen-

tes partes. Si usted nunca hubiera visto un animal, por ejemplo, y un día encontrara una cola — sólo una cola — y alguien le dijera: "Esto es una cola", ¿tendría usted idea de qué era ésta si no tuviera idea de lo que es un animal?

Las ideas realmente fragmentan la visión, la intuición, o la experiencia de la realidad como totalidad. Esto es lo que los místicos nos dicen continuamente. Las palabras no pueden darle a uno la realidad. Solamente señalan, solamente indican. Uno las utiliza como indicadores para llegar a la realidad. Pero una vez que uno llega, sus conceptos son inútiles. Un sacerdote hindú tuvo una vez una disputa con un filósofo que decía que la última barrera para llegar a Dios era la palabra "Dios", el concepto de Dios. El sacerdote se escandalizó con esto, pero el filósofo le dijo: "El asno en que usted monta y que utiliza para ir a una casa no es el medio por el cual usted entra en la casa. Usted utiliza el concepto para llegar; entonces se apea, y va más allá". No hay necesidad de ser un místico para comprender que la realidad es algo que no puede captarse con las palabras y los conceptos. Para conocer la realidad uno tiene que conocer *más allá de todo conocimiento*.

¿Esas palabras les recuerdan a ustedes algo? Los que conozcan *La nube del no saber* reconocerán la expresión. Los poetas, pintores, místicos, y los grandes filósofos intuyen esta verdad. Supongamos que un día estoy mirando un árbol. Hasta ahora, cada vez que veía un árbol, decía: "Bueno, eso es un árbol". Pero hoy cuando miro el árbol, no veo un árbol. Al menos no veo lo que estoy acostumbrado a ver. Veo algo con la frescura de visión de un niño. No tengo para ello una palabra. Veo algo único, completo, que fluye, no fragmentado. Y me asombro. Si usted me preguntara: "¿Qué vio?", ¿qué cree que le respondería? No tengo palabras para hacerlo. No hay palabras para la realidad. Porque apenas le pongo una palabra, estamos de nuevo en los conceptos.

Y si no puedo expresar esta realidad que es visible para los sentidos, ¿cómo expresar lo que no puede verse con los ojos u oírse con los oídos? ¿Cómo encontrar una palabra para la realidad de Dios? ¿Están ustedes comenzando a comprender lo que dijeron Tomás de Aquino, Agustín, y todos los demás, y lo que la Iglesia enseña constantemente cuando dice que Dios es un misterio, que es incomprensible para la mente humana?

Una de las últimas cartas del gran Karl Rahner se la escribió a un joven drogadicto alemán que le había pedido ayuda. El drogadicto le había dicho: "Ustedes los teólogos hablan sobre Dios, pero ¿cómo podría este Dios tener relación con mi vida? ¿Cómo podría este Dios liberarme de las drogas?" Rahner le dijo: "Debo confesarle con toda honestidad que, para mí, Dios es y siempre ha sido un misterio absoluto. No comprendo lo que Dios es; nadie puede comprenderlo. Tenemos indicios, vislumbres; hacemos esfuerzos vacilantes, inadecuados, para expresar el misterio en palabras. Pero no hay una palabra, no hay una frase para el misterio". Y hablando a un grupo de teólogos en Londres, Rahner dijo: "La tarea del teólogo es explicarlo todo a través de Dios, y explicar a Dios como inexplicable". Misterio inexplicable. No sabemos, no podemos decir. Decimos, "Ah, ah ..."

Las palabras son indicadores, no son descripciones. Trágicamente, la gente cae en la idolatría porque cree que en lo referente a Dios, la palabra es la cosa. ¿Cómo puede alguien ser tan loco? ¿Puede ser usted todavía más loco? Incluso en lo referente a los seres humanos, o a los árboles y las hojas y a los animales, la palabra no es la cosa. ¿Y usted diría que, en lo referente a Dios, la palabra es la cosa? ¿Cómo puede decir semejante cosa? Un experto en las Escrituras internacionalmente famoso asistió a un curso en San Francisco, y me dijo: "¡Dios mío, después de escucharlo a usted, comprendí que he sido un idólatra toda mi vida!" Lo dijo abiertamente: "Nunca caí en la cuenta de que era un idólatra. Mi ídolo no era de madera o de metal; era un ídolo mental". Éstos son los idólatras más peligrosos. Utilizan una sustancia muy sutil, la mente, para hacer su Dios.

Los estoy llevando a ustedes a lo siguiente: La consciencia de la realidad que los rodea. Consciencia significa observar, observar lo que sucede dentro de ustedes y alrededor de ustedes. "Lo que sucede" es bastante adecuado: Los árboles, el césped, las flores, los animales, las rocas, toda la realidad se mueve. Uno lo observa, uno lo ve. Cuán esencial es para el ser humano no observarse solamente a sí mismo, sino observar la realidad. ¿Ustedes son prisioneros de sus conceptos? ¿Quieren liberarse de su prisión? Entonces *miren;* observen; dediquen horas enteras a observar. ¿Observar qué? *Cualquier cosa.* Los rostros de la gente, las formas de los árboles, un pájaro que vuela, un montón de piedras, observen el crecimiento del césped. Pónganse en contacto con las cosas, mírenlas. Entonces podrán tener la esperanza de liberarse de esos patrones rígidos que todos nos hemos formado, de lo que nos han impuesto nuestros pensamientos y nuestras palabras. Tendremos la esperanza de ver. ¿Qué veremos? Eso que decidimos llamar realidad, lo que está más allá de las palabras y los conceptos. Esto es un ejercicio *espiritual* — relacionado con la espiritualidad — relacionado con el hecho de liberarse de su jaula, de su prisión de conceptos y palabras.

Qué triste si pasamos por la vida sin verla nunca con los ojos de un niño. Esto no quiere decir que debamos descartar totalmente los conceptos; son muy preciosos. Aunque empezamos sin ellos, los conceptos tienen una función muy positiva. Gracias a ellos desarrollamos nuestra inteligencia. Nos invitan, no a convertirnos en niños, sino a ser *como* niños. Tenemos que perder el estado de inocencia y ser arrojados del Paraíso; tenemos que desarrollar un "yo" y un "mí" por medio de estos conceptos. Pero tenemos que regresar al Paraíso. Necesitamos ser redimidos de nuevo. Necesitamos descartar al hombre viejo, la naturaleza vieja, el ego condicionado, y regresar al estado del niño, pero sin ser un niño. Cuando comenzamos en la vida, miramos la realidad con asombro, pero no es el asombro inteligente de los místicos; es el asombro informe del niño. El asombro muere y lo reemplaza el aburrimiento, a medida que desarrollamos el lenguaje y las palabras y los conceptos. Entonces podremos tener la esperanza, si somos afortunados, de regresar al asombro.

SIN PODER ENCONTRAR LAS PALABRAS

Dag Hammarskjöld, ex secretario general de las Naciones Unidas, lo dijo bellamente: "Dios no muere el día que dejamos de creer en una deidad personal. Pero nosotros morimos el día que nuestra vida deje de estar iluminada por el firme resplandor del asombro diariamente renovado, cuya fuente está más allá de toda razón". No tenemos por qué discutir por una palabra, porque "Dios" es sólo una palabra, un concepto. Nunca discutimos por la realidad; sólo discutimos sobre las opiniones, sobre los conceptos, sobre los juicios. Abandonen sus conceptos, abandonen sus opiniones, abandonen sus prejuicios, abandonen sus juicios, y lo verán.

"*Quia de deo scire non possumus quid sit, sed quid non sit, non possumus considerare de deo, quomodo sit sed quomodo non sit*". Ésta es la introducción de Santo Tomás de Aquino a su *Summa Theologica*: "Como no podemos conocer lo que Dios es, sino sólo lo que Dios no es, no podemos considerar cómo es Dios sino sólo cómo no es". Ya mencioné el comentario de Tomás al libro de Boecio *De Sancta Trinitate,* en donde dice que el más alto grado de conocimiento de Dios es conocer a Dios como el desconocido, *tamquam ignotum.* Y en su *Questio Disputata de Potentia Dei*, Tomás dice: "Esto es lo máximo en el conocimiento humano de Dios — saber que no conocemos a Dios". A este caballero lo consideraban el príncipe de los teólogos. Era un místico, y hoy es un santo canonizado. Estamos sobre terreno bastante firme.

En la India tenemos un dicho sánscrito para este tipo de cosa: "*Neti, neti*". Significa: "No es eso, no es eso". El método de Tomás se llamaba el de la *via negativa*, el camino negativo. C. S. Lewis escribió un diario mientras su esposa estaba agonizando. Se llama *Un dolor observado.* Él se había casado

con una mujer norteamericana a quien quería entrañable-
mente. Les dijo a sus amigos: "Dios me dio a los sesenta años
lo que me negó a los veinte". Hacía muy poco que se habían
casado cuando ella se murió dolorosamente de cáncer. Lewis
dijo que toda su fe se había derrumbado, como un castillo de
naipes. Él era el gran apologista cristiano, pero cuando el
desastre lo golpeó, se preguntó: "¿Es Dios el Padre amante o
es Dios el gran vivisector?" ¡Hay una amplia evidencia para
ambas posibilidades! Recuerdo que cuando mi madre enfermó
de cáncer, mi hermana me preguntó:

— Tony ¿por qué permitió Dios que esto le sucediera a
mamá?

Le dije:

— Querida, el año pasado se murieron de hambre un millón
de personas en la China debido a la sequía, y tú nunca te
inquietaste.

A veces lo mejor que puede sucedernos es despertar a la
realidad, que nos golpee la calamidad, porque entonces llegamos a la fe, como llegó C. S. Lewis. Él dijo que antes no había
tenido dudas sobre la supervivencia de las personas después
de la muerte, pero que cuando su esposa murió ya no estuvo
seguro. ¿Por qué? Porque era sumamente importante para él
que ella siguiera viviendo. Como ustedes saben, C. S. Lewis
es el maestro de las comparaciones y las analogías. Él dice:
"Es como una cuerda. Alguien le pregunta a uno:

— ¿Esta cuerda resistirá el peso de sesenta y cinco kilos?
Uno responde:

— Sí.

— Bien, vamos a bajar a su mejor amigo con esta cuerda.
Entonces uno dice:

— Espere un momento, déjeme probar la cuerda de nuevo.
Ahora ya no está tan seguro".

Lewis también dijo en su diario que no podemos saber nada
sobre Dios y que incluso nuestras preguntas sobre Dios son
absurdas. ¿Por qué? Es como si una persona ciega de nacimiento le preguntara a uno: "¿El color verde es caliente o frío?"
Neti, neti, no es eso. "¿Es largo o es corto?" No es eso. "¿Es

dulce o es ácido?" No es eso. "¿Es redondo, ovalado o cuadrado?" No es eso, no es eso. El ciego no tiene palabras, no tiene conceptos, para un color del cual no tiene idea, no tiene intuición, no tiene experiencia. Usted sólo le puede hablar valiéndose de analogías. Pregunte lo que pregunte, usted sólo le puede decir: "No es eso". C. S. Lewis dice en alguna parte que es como preguntar cuántos minutos hay en el color amarillo. Todo el mundo podría tomar la pregunta muy en serio, discutirla, disputar sobre ella. Una persona sugiere que hay veinticinco zanahorias en el color amarillo, la otra persona dice: "No, diecisiete papas", y de pronto están peleando. No es eso, no es eso.

Esto es lo máximo en nuestro humano conocimiento de Dios: Saber que no sabemos. Nuestra gran tragedia es que sabemos demasiado. *Creemos* que sabemos, ésa es nuestra tragedia; por eso nunca descubrimos. De hecho, Tomás de Aquino (él no es solamente un teólogo sino también un gran filósofo) dice en repetidas ocasiones: "Todos los esfuerzos de la mente humana no pueden agotar la esencia de una mosca".

✳

EL CONDICIONAMIENTO CULTURAL

Algo más sobre las palabras: Les dije antes que las palabras son limitadas. Les voy a decir otra cosa. Hay palabras que no corresponden a *nada*. Por ejemplo, yo soy hindú. Ahora supongamos que soy prisionero de guerra en el Pakistán, y que me dicen: "Bueno, hoy lo vamos a llevar a la frontera, y va a darle una mirada a su país". Entonces me llevan a la frontera, y miro, y pienso: "Ah, mi país, mi hermoso país. Veo aldeas y árboles y colinas. Ésta es mi tierra, mi tierra natal". Al cabo de un rato, uno de los guardias dice: "Perdone, nos equivocamos. Tenemos que recorrer otros veinte kilómetros". ¿A qué estaba yo reaccionando? A nada. Estaba fijándome en una palabra: India. Pero los árboles no son la India; los árboles son árboles. En realidad, no hay fronteras ni límites; los puso allí la mente humana; generalmente los fijaron políticos avaros y estúpidos. En una época, mi país fue uno; ahora son cuatro. Si no nos cuidamos, podría llegar a ser seis. Entonces tendremos seis banderas, seis ejércitos. Por eso ustedes nunca me verán saludar una bandera. Yo detesto todas las banderas nacionales porque son ídolos. ¿Qué estamos saludando? Yo saludo a la humanidad, no una bandera con un ejército a su alrededor.

Las banderas están en la mente de las personas. En todo caso, hay miles de palabras en nuestro vocabulario que no corresponden a la realidad. ¡Pero cómo nos emocionan! Entonces empezamos a ver cosas que no están allí. Realmente vemos montañas indias cuando ellas no existen, y realmente vemos gente hindú, que tampoco existe. Su condicionamiento estadounidense existe. Mi condicionamiento hindú existe. Pero eso no es una cosa para regocijarse. En estos días, en los países del Tercer Mundo, hablamos mucho de la "inculturación". ¿Qué es eso que llamamos "cultura"? La palabra no me hace muy feliz. ¿Quiere decir que a usted le gusta hacer algo porque lo condicionaron para que lo hiciera? ¿Que le gustaría sentir algo porque lo condicionaron para que lo sintiera? ¿No es eso ser mecánico? Imagínense a un bebé estadounidense que es adoptado por una pareja rusa y llevado a Rusia. No tiene idea de que es estadounidense de nacimiento. Crece hablando ruso; vive y muere por la madre Rusia; odia a los estadounidenses. El niño tiene el sello de su propia cultura; está familiarizado con su propia literatura. Mira el mundo a través de los ojos de su cultura. Ahora, si ustedes quieren mostrar su cultura de la misma manera como muestran sus vestidos, está bien. La mujer hindú usaría un sari y la mujer estadounidense usaría otra cosa, y la mujer japonesa usaría su kimono. Aunque nadie se identifica con sus vestidos, ustedes sí quieren usar su cultura. Están orgullosos de su cultura. Les enseñan a estar orgullosos de ella. Permítanme decirlo tan enérgicamente como pueda. Un jesuita amigo mío me dijo: "Cuando veo a un mendigo o a un pobre, no puedo no darle limosna. Eso me lo enseñó mi madre". Su madre le daba una comida a cualquier pobre que pasara. Yo le dije: "Joe, lo que tú tienes no es una virtud; lo que tienes es una compulsión, una *buena* compulsión desde el punto de vista del mendigo, pero de todas maneras una compulsión".

Recuerdo otro jesuita que nos dijo una vez en una reunión íntima de nuestra provincia jesuita en Bombay: "Yo tengo ochenta años; he sido jesuita durante sesenta y cinco años. Nunca he dejado de hacer mi hora de meditación — nunca". Bueno, eso *podría* ser muy admirable, o también podría ser una compulsión. No hay gran mérito si es algo mecánico. La belleza de una acción viene, no de que se haya convertido en un hábito sino de su sensibilidad, su consciencia, su claridad de percepción, y su precisión de respuesta. Puedo decirle sí a un mendigo y no a otro. No estoy obligado por ningún condicionamiento o programación de mis experiencias pasadas o de mi cultura. Nadie me ha sellado con algo, o si lo han hecho, ya no reacciono basándome en ello. Si usted hubiera tenido una mala experiencia con un estadounidense, o si lo hubiera mordido un perro, o si hubiera tenido una mala experiencia con cierto tipo de alimento, sentiría la influencia de esa experiencia durante el resto de su vida. ¡Y eso está mal! Usted necesita liberarse de eso. No conserve las experiencias del pasado. En realidad, tampoco conserve las buenas experiencias del pasado. Aprenda lo que significa experimentar algo plenamente, después descártelo y pase al momento siguiente, sin influencias del anterior. Tendría tan poco equipaje que podría pasar por el ojo de una aguja. Sabría lo que es la vida eterna porque la vida eterna es *ahora*, es el *ahora* sin tiempo. Solamente así entrará en la vida eterna. Pero cuántas cosas llevamos con nosotros. Nunca emprendemos la tarea de liberarnos, de dejar el equipaje, de ser nosotros mismos.

Siento decir que en todas partes encuentro musulmanes que utilizan su religión, su culto, y su Corán para distraerse de esta tarea. Y lo mismo puede decirse de los hindúes y de los cristianos.

¿Puede usted imaginarse al ser humano que ya no está influenciado por las palabras? Usted puede decirle cualquier cantidad de palabras, y él todavía será ecuánime con usted. Usted puede decir: "Yo soy el Cardenal-Arzobispo Fulano de Tal", pero él seguirá siendo ecuánime; lo verá a usted como es. No está influenciado por el rótulo.

LA REALIDAD FILTRADA

Quiero decir otra cosa sobre nuestra percepción de la realidad. La diré en forma de analogía: El Presidente de los Estados Unidos necesita información acerca de lo que piensa la ciudadanía. El Papa en Roma necesita información acerca de toda la Iglesia. Literalmente, hay millones de datos que se les podrían dar, pero ellos no podrían recibirlos todos, y menos comprenderlos. Por eso tienen personas a quienes confían la elaboración de extractos, que resumen las cosas, les hacen seguimiento, las filtran; al final, algo de esto les llega al escritorio. Bien, eso es lo que nos pasa a nosotros. Estamos recibiendo información de la realidad a través de todos los poros o células vivas de nuestro cuerpo y a través de todos nuestros sentidos. Pero constantemente filtramos las cosas. ¿Quién las filtra? ¿Nuestro condicionamiento? ¿Nuestra cultura? ¿Nuestra programación? ¿La forma en que nos enseñaron a ver las cosas y a experimentarlas? Hasta nuestro idioma puede ser un filtro. Hay tanto filtro que a veces no vemos las cosas que están ahí. Es suficiente mirar a una persona paranoica que siempre se siente amenazada por algo que no está ahí, que constantemente interpreta la realidad en función de ciertas experiencias del pasado o de ciertos condicionamientos que tenga.

Pero también hay otro demonio que filtra. Se llama el apego, el deseo, el anhelo. La raíz de la tristeza es el deseo. El deseo vehemente distorsiona y destruye la percepción. Nos persiguen los temores y los deseos. Samuel Johnson dijo: "Saber que dentro de una semana va a estar colgando de un patíbulo concentra maravillosamente la mente de un hombre". Bloquea todo lo demás y se concentra únicamente en el miedo, o en el deseo, o en el anhelo. A nosotros nos drogaron de muchas maneras cuando jóvenes. Nos criaron para necesitar a las personas. ¿Para qué? Para que nos acepten, nos aprueben, nos aprecien, nos aplaudan — para lograr lo que llamaban el éxito. Ésas son palabras que no corresponden a la realidad. Son convencionalismos, cosas inventadas, pero no nos damos cuenta de que no corresponden a la realidad. ¿Qué es el éxito? Es lo que un grupo decidió que podría ser una cosa buena. Otro grupo decidirá que la misma cosa es mala. Lo que es bueno en Washington puede considerarse malo en un monasterio cartujo. El éxito en un círculo político puede considerarse como un fracaso en otros círculos. Son convencionalismos. Pero los tratamos como si fueran realidades, ¿verdad? Cuando éramos jóvenes nos programaron para la desdicha. Nos enseñaron que para ser felices se necesita dinero, éxito, una pareja hermosa o bien parecida, un buen empleo, amistad, espiritualidad, Dios — y todo lo demás. Nos dijeron que si no conseguíamos esas cosas no seríamos felices. Ahora, eso es lo que yo llamo un apego. Un apego es creer que sin algo no seremos felices. Una vez que nos convencemos de eso — y se nos mete en el subconsciente, queda impreso en las raíces de nuestro ser — se acabó. "¿Cómo puedo ser feliz a menos que tenga buena salud?", dice usted. Pero le voy a decir algo: He conocido personas que se estaban muriendo de cáncer y eran felices. ¿Cómo podían ser felices si sabían que se iban a morir? Pero eran felices. "¿Cómo puedo ser feliz si no tengo dinero?"

Una persona tiene un millón de dólares en el banco, y se siente insegura; la otra persona prácticamente no tiene dinero, pero no parece sentir ninguna inseguridad. La programaron de manera diferente, eso es todo. Es inútil exhortar a la primera a hacer lo que debe hacer; necesita comprender. Las exhortaciones no ayudan mucho. Necesita comprender que la programaron; es una creencia falsa. Véala como falsa, véala como una fantasía. ¿Qué hace la gente durante toda la vida? Está ocupada peleando; pelea, pelea, pelea. A eso lo llaman sobrevivir. Cuando el estadounidense promedio dice que se está ganando la vida, no se está ganando la vida. ¡Ah, no! Tiene mucho más de lo que necesita para vivir. Vengan a mi país y lo verán. Para vivir, ellos no necesitan todos esos automóviles. Para vivir no necesitan un televisor. Para vivir no necesitan maquillaje. Para vivir no necesitan toda esa ropa. Pero trate de convencer de esto a un estadounidense. Les han lavado el cerebro; los han programado. De manera que trabajan y luchan por obtener el objeto deseado que los hará felices. Escuche esta triste historia — su historia, mi historia, la historia de todo el mundo —: "Hasta que consiga esto (dinero, amistad, cualquier cosa) no seré feliz; tengo que luchar por conseguirlo y luego, cuando lo consiga, tengo que luchar por conservarlo. Tengo una emoción pasajera. ¡Ah, estoy tan emocionado! ¡Ya lo conseguí!" Pero ¿cuánto tiempo dura eso? Unos minutos, máximo unos días. Cuando consigue su automóvil nuevo, ¿cuánto tiempo dura la emoción? Hasta que su *siguiente* apego se vea amenazado.

La verdad sobre una emoción es que después de un tiempo me canso de ella. Me dijeron que la *oración* era algo extraordinario; me dijeron que *Dios* era algo extraordinario; me dijeron que la *amistad* era algo extraordinario. Y sin saber qué era realmente la oración o sin saber lo que era realmente Dios, sin saber lo que era realmente la amistad, les dimos mucha importancia. Pero después de un tiempo nos aburrimos de ellos — nos aburrimos de la oración, de Dios, de la amistad. ¿No es eso patético? Y no hay manera de escapar, sencillamente no hay manera de escapar. Es el único modelo que nos dieron: ser felices. No nos dieron ningún otro modelo. Nuestra cultura, nuestra sociedad y, siento decirlo, nuestra religión, no nos dieron ningún otro modelo. Lo acaban de nombrar cardenal. ¡Qué gran honor! ¿Honor? ¿Dijo usted honor? Se equivocó de palabra. Ahora otros van a aspirar a lo mismo. Usted cayó en lo que los Evangelios llaman "el mundo" y va a perder su alma. El mundo, el poder, el prestigio, el triunfo, el éxito, el honor, etc., no existen. Usted gana el mundo pero pierde el alma. Toda su vida ha estado vacía y sin alma. Ahí no hay nada. Sólo hay una manera de escapar, ¡y es desprogramarse! ¿Cómo se hace eso? Tomando consciencia de la programación. Usted no puede cambiar por un esfuerzo de la voluntad; no puede cambiar por medio de ideales; no puede cambiar adoptando nuevos hábitos. Su comportamiento puede cambiar, pero no usted. Usted sólo cambia por medio de la consciencia y la comprensión. Cuando usted vea una piedra como una piedra, y un pedazo de papel como un pedazo de papel, ya no piensa que la piedra es un diamante precioso y no piensa que el pedazo de papel es un cheque por mil millones de dólares. Cuando usted *vea* eso, cambia. Ya no hay violencia en el intento de cambiar. De otra manera, lo que usted llama cambio es sencillamente cambiar de sitio los muebles. Su comportamiento cambia, pero *usted* no.

EL DESPRENDIMIENTO

La única manera de cambiar es cambiando su comprensión. Pero ¿qué quiere decir comprender? ¿Cómo se hace? Piense en la forma en que nos esclavizan varios apegos; tratamos de reorganizar el mundo de manera que podamos conservar esos apegos, porque el mundo los amenaza constantemente. Temo que una amiga deje de amarme; puede preferir a otra persona. Tengo que hacerme permanentemente atractivo porque tengo que ganarme a esa persona. Alguien me lavó el cerebro para creer que necesito su amor. Pero realmente no lo necesito. No necesito el amor de nadie; sólo necesito entrar en contacto con la realidad. Necesito escapar de mi prisión, de mi programación, de mi condicionamiento, de mis falsas creencias, de mis fantasías. Necesito escapar hacia la realidad. La realidad es amable; es absolutamente encantadora. La vida eterna es ahora mismo. Estamos rodeados de ella, como el pez en el océano, pero no lo sabemos. Estamos demasiado distraídos por este apego. Pasajeramente, el mundo se reorganiza para adaptarse a nuestro apego, de modo que decimos: "Sí, ¡maravilloso! ¡Mi equipo ganó!" Pero espere; cambiará; mañana estará deprimido. ¿Por qué seguimos haciendo esto?

Haga este pequeño ejercicio durante unos pocos minutos: Piense en algo o alguien a quien esté apegado; en otras palabras, en una casa o una persona sin la cual usted cree que no será feliz. Podría ser su empleo, su carrera, su profesión, su amigo, su dinero, lo que sea. Y dígale a ese objeto o persona, "Realmente no te necesito para ser feliz. Solamente me estoy engañando al creer que sin ti no seré feliz. Pero realmente no te necesito para mi felicidad; puedo ser feliz sin ti. Tú no eres mi felicidad, tú no eres mi alegría". Si su apego es una persona, ella no se sentirá muy feliz al oír eso, pero dígalo de todos modos. Puede decirlo secretamente, en el fondo del corazón. En todo caso, usted se pondrá en contacto con la verdad; destrozará una fantasía. La felicidad es un estado en que no hay ilusiones, en que se descarta la ilusión.

O podría probar otro ejercicio: Piense en una ocasión en que su corazón estaba destrozado y usted creía que no volvería a ser feliz (su esposo murió, su esposa murió, su mejor amigo lo abandonó, perdió su dinero). ¿Qué sucedió? El tiempo pasó, y si usted pudo apegarse a otra cosa o encontrar a alguien atractivo o algo atractivo, ¿qué pasó con el viejo apego? Realmente no lo necesitaba para ser feliz, ¿no es verdad? Eso debiera haberle enseñado a usted, pero nunca aprendemos.

Estamos programados; estamos condicionados. Cómo es de liberador no depender emocionalmente de nada. Si usted pudiera tener esa experiencia durante un segundo, escaparía de su prisión y vería el cielo. Quizás, algún día hasta podrá volar.

Temía decir esto, pero le hablé a Dios, y le dije que no lo necesito. Mi primera reacción fue: "Esto es muy opuesto a todas las cosas con que me criaron". Bien, algunas personas quieren hacer una excepción respecto a su apego a Dios. Dicen: "¡Si Dios es el Dios que creo que debe ser, no le va a gustar que renuncie a mi apego a él!" Pues bien, si usted cree que no será feliz si no obtiene a Dios, entonces ese "Dios" en que usted piensa no tiene nada que ver con el Dios verdadero. Usted está pensando en un estado de ensueño; está pensando en su concepto. A veces uno tiene que deshacerse de "Dios" para encontrar a Dios. Muchos místicos nos lo dicen.

Todas las cosas nos han cegado de tal manera que no hemos descubierto la verdad elemental de que los apegos perjudican las relaciones en lugar de ayudarlas. Recuerdo cuánto temía decirle a una persona que es íntima amiga: "Realmente no te necesito. Puedo ser perfectamente feliz sin ti. Y al decirte esto encuentro que puedo gozar plenamente de tu compañía; no más ansiedad, no más celos, no más posesividad, no más aferrarse. Es una dicha estar contigo cuando lo disfruto sin aferrarme. Tú eres libre; yo también". Pero estoy seguro de que para muchos de ustedes esto es como si les hablara en un idioma desconocido. Yo necesité muchos, muchos meses para comprender esto plenamente, a pesar de que soy jesuita, y todos mis ejercicios espirituales son exactamente sobre esto, aunque no entendí de qué se trataba porque mi cultura y mi sociedad, en general, me han enseñado a ver a las personas en función de mis apegos. A veces me parece divertido ver personas aparentemente objetivas, como terapeutas y directores espirituales, decir acerca de alguien: "Es una gran persona, una gran persona, me gusta mucho". Más tarde descubro que me gusta porque yo le gusto. Miro dentro de mí mismo, y encuentro lo mismo una y otra vez: Si usted está apegado al aprecio y a la alabanza, va a ver a las personas en función de que ellas constituyan una amenaza o un estímulo para su apego. Si usted es político y quiere ser elegido, ¿cómo cree que mirará a las personas? ¿Cómo se orientará su interés por la gente? Le preocupará la persona que le va a dar el voto. Si lo que le interesa es el sexo, ¿cómo cree que va a mirar a los hombres y a las mujeres? Si usted está apegado al poder, eso afecta a la manera de ver a las personas. Un apego destruye su capacidad de amar. ¿Qué es el amor? El amor es sensibilidad, el amor es consciencia. Voy a darles un ejemplo: Estoy escuchando una sinfonía, pero si oigo solamente el sonido de los tambores, no oigo la sinfonía. ¿Qué es un corazón amante? Un corazón amante es sensible a la *totalidad* de la vida, a *todas* las personas; un corazón amante no se endurece frente a ninguna persona o cosa. Pero en el momento en que usted se apega en el sentido en que yo lo digo, entonces excluye muchas otras cosas. No tiene ojos sino para el objeto de su apego; no tiene oídos sino para los tambores; el corazón se ha endurecido. Además, se ha enceguecido, porque ya no ve el objeto de su apego objetivamente. El amor implica claridad de percepción, objetividad; no hay nada que tenga más claridad de visión que el amor.

EL AMOR COMO ADICCIÓN

El corazón enamorado permanece suave y sensible. Pero cuando usted está empeñado en *conseguir* esto o lo otro, se vuelve despiadado, duro e insensible. ¿Cómo puede amar a las personas cuando las necesita? Solamente puede utilizarlas. Si yo lo necesito a usted para que me haga feliz, tengo que utilizarlo, tengo que manipularlo, tengo que buscar la manera de ganármelo. No puedo dejarlo ser libre. Solamente puedo amar a las personas cuando he liberado mi vida de las personas. Cuando muero a la necesidad de las personas, entonces estoy en el desierto. Al principio se siente horrible, se siente solitario, pero si puede soportarlo por un tiempo, de pronto descubrirá que no está en absoluto solo. Está con la soledad, con el aislamiento, y el desierto empieza a florecer. Entonces por fin sabrá qué es el amor, qué es Dios, qué es la realidad. Pero, al principio, renunciar a la droga puede ser duro, a menos que usted comprenda muy bien o haya sufrido lo suficiente. Haber sufrido es una gran cosa. Sólo entonces puede cansarse de todo. El sufrimiento puede usarse para acabar con el sufrimiento. La mayoría de las personas sencillamente siguen sufriendo. Eso explica el conflicto que tengo a veces entre el papel de director espiritual y el de terapeuta. Un terapeuta dice: "Aliviemos el sufrimiento". El director espiritual dice: "Dejémosla sufrir; se cansará de esa manera de relacionarse con la gente, y, finalmente, decidirá escapar de esta prisión de dependencia emocional de otros". ¿Ofreceré un alivio o extirparé el cáncer? No es fácil decidir.

Una persona arroja airadamente un libro sobre la mesa. Déjela que siga arrojándolo sobre la mesa. No le recoja el libro y no le diga que todo está bien. La espiritualidad es consciencia, consciencia, consciencia, consciencia, consciencia, consciencia. Cuando su madre se disgustaba con usted, no decía que algo le pasaba a ella, decía que algo le pasaba a us*ted;* de otra manera no se habría disgustado. Pues bien, hice el gran descubrimiento de que si tú estás disgustada, mamá, algo te pasa a ti. De manera que es mejor que controles tu ira. Es tuya, no mía. Si a mí me pasa o no me pasa algo, lo analizaré independientemente de tu ira. No me voy a dejar influenciar por tu ira.

Lo curioso de esto es que cuando yo puedo hacer esto sin sentimientos negativos hacia otro, también puedo ser muy objetivo respecto a mí mismo. Solamente una persona muy consciente puede negarse a recoger la culpa y la ira del otro, y decir: "Tienes una pataleta. Lo siento. Ya no tengo el menor deseo de rescatarte, y me niego a sentirme culpable". Yo no voy a odiarme por algo que hice. Eso es lo que se llama culpa. No voy a alimentar un sentimiento negativo y a castigarme por algo que haya hecho, *correcto* o *incorrecto*. Estoy dispuesto a analizarlo, a observarlo, y a decir: "Bien, si hice algo malo, fue inconscientemente". Nadie hace el mal *conscientemente*. Por esa razón los teólogos nos dicen muy bellamente que Jesús no podía hacer el mal. Eso me parece muy lógico, porque la persona consciente no puede hacer el mal. La persona consciente es libre. Jesús era libre y porque era libre, no podía hacer nada malo. Pero como usted *sí puede* hacer el mal, usted no es libre.

❋
MÁS PALABRAS

Mark Twain lo dijo muy bien: "Estaba haciendo tanto frío que si el termómetro hubiera tenido una pulgada más de largo, nos habríamos muerto de frío". Nos morimos de frío con las palabras. No es el frío en el ambiente lo que interesa, sino el termómetro. No es la realidad lo que importa, sino lo que usted se dice a usted mismo sobre ella. Me contaron una bella historia sobre un campesino de Finlandia. Cuando estaban trazando el límite entre Rusia y Finlandia, el campesino tuvo que decidir si quería quedar en Rusia o en Finlandia. Después de un largo tiempo dijo que deseaba estar en Finlandia, pero que no quería ofender a los funcionarios rusos. Éstos fueron a hablar con él y le preguntaron por qué quería quedar en Finlandia. El campesino respondió: "Siempre deseé vivir en la madre Rusia, pero a mi edad no podría sobrevivir a otro invierno ruso".

Rusia y Finlandia son sólo palabras, conceptos, pero no para los humanos, no para los locos humanos. Casi nunca miramos la realidad. Una vez un gurú estaba tratando de explicarle a una muchedumbre cómo reaccionan los seres humanos a las palabras, cómo se alimentan de ellas, cómo viven en ellas, en lugar de vivir en la realidad. Un hombre se puso de pie y protestó:

— No estoy de acuerdo con eso de que las palabras produzcan tanto efecto en nosotros.

El gurú le contestó:

— Siéntese, hijo de perra.

El hombre palideció de la ira y expresó:

— Usted afirma que es una persona consciente, un gurú, un maestro, y debiera avergonzarse.

Entonces el gurú le dijo:

— Perdóneme, señor, perdí los estribos. Realmente, le ruego que me perdone; fue un error; lo siento.

Finalmente, el hombre se calmó. Entonces el gurú le dijo:

— Se necesitaron unas pocas palabras para que surgiera en usted toda una tempestad; y se necesitaron sólo unas pocas palabras para calmarlo, ¿no es así?

Palabras, palabras, palabras, palabras, ¡cómo aprisionan si no se usan correctamente!

AGENDAS OCULTAS

Hay una diferencia entre el conocimiento y la consciencia, entre la información y la consciencia. Hace poco les dije que no se puede hacer el mal con consciencia. Pero se puede hacer el mal con conocimiento o con información, cuando se *sabe* que algo es malo. "Padre, perdónalos, porque no saben lo que hacen". Yo traduciría eso como "Ellos no están *conscientes* de lo que hacen". Pablo dice que él es el mayor de los pecadores porque persiguió a la Iglesia de Cristo. Pero agrega que lo hizo inconscientemente. O si ellos hubieran tenido *consciencia* de que estaban crucificando al Señor de la Gloria, no lo habrían hecho. O: "El día llegará en que os perseguirán y creerán que están sirviendo a Dios". No tienen consciencia. Están atrapados en la información y en el conocimiento. Tomás de Aquino lo dice con acierto: "Cada vez que alguien peca, peca bajo la apariencia del bien". Están enceguaciéndose a sí mismos; están viendo algo como bueno aunque sepan que es malo; están racionalizando porque buscan algo con el pretexto del bien.

Alguien me habló de dos situaciones en que para ella era difícil estar consciente. Trabajaba en una industria de servicios, en la cual había mucha gente, sonaban muchos teléfonos, y ella estaba sola y había distracciones que provenían de mucha gente tensa y airada. Para ella era muy difícil mantener la serenidad y la calma. La otra situación era cuando estaba conduciendo en medio del tránsito, con las bocinas y la gente que gritaba palabras soeces. Me preguntó si algún día se disiparían los nervios y ella podría permanecer en paz.

¿Captaron cuál era el apego? La paz. Estaba apegada a la paz y a la calma. Decía: "A menos que esté en paz, no seré feliz". ¿Se les ha ocurrido alguna vez que se puede ser feliz en medio de la *tensión?* Antes del despertar, yo me deprimía; después del despertar, sigo deprimido. La relajación y la sensibilidad no se convierten en una meta. ¿Alguna vez ha oído hablar de personas que se tensionan cuando tratan de relajarse? Si uno está tenso, sencillamente se observa la tensión. Uno nunca se comprenderá a sí mismo si trata de cambiarse. Cuanto más intente cambiarse, más difícil será. Hay que tomar consciencia. Capte el sonido desapacible de ese teléfono; capte los nervios en tensión; capte la sensación del timón en el automóvil. En otras palabras, dése cuenta de la *realidad,* y deje que la tensión o la calma cuiden de sí mismas. En realidad, tendrá que dejar que ellas cuiden de sí mismas porque usted estará demasiado ocupado poniéndose en contacto con la realidad. Paso a paso, deje que lo que ha de suceder suceda. El verdadero cambio se presentará cuando lo cause, no su ego, sino la realidad. La consciencia libera a la realidad para cambiarlo a usted.

Con la consciencia usted cambia, pero tiene que experimentarlo. En este momento, justamente, ustedes están aceptando mi palabra. Tal vez, también ustedes tengan un plan para lograr ser conscientes. Su ego, de manera sutil, está empujándolos hacia la consciencia. ¡Cuidado! Encontrarán resistencia; tendrán dificultades. Quienes ansían tener consciencia todo el tiempo, pueden sentir la ligera intranquilidad. Quieren estar despiertos, averiguar si están realmente despiertos o no. Eso es parte del *ascetismo*, no de la consciencia. Eso suena extraño en una cultura en que nos han preparado para lograr metas, para llegar a alguna parte; pero, en realidad, no hay a dónde ir porque uno ya está ahí. Los japoneses lo dicen muy bien: "El día que usted deje de viajar, habrá llegado". Su actitud debe ser: "Quiero ser consciente, quiero estar en contacto con lo que es y dejar que lo que ha de suceder suceda; si estoy despierto, bien; y si estoy dormido, bien". En el momento en que lo convierta en una meta e intente *obtenerlo*, estará buscando la glorificación de su ego, la promoción de su ego. Usted quiere la sensación agradable de haberlo *logrado*. Cuando lo haya "logrado", no lo sabrá. Su mano izquierda no sabrá lo que hace su mano derecha. "Señor, ¿cuándo lo hicimos? No teníamos consciencia". La caridad nunca es tan hermosa como cuando se ha perdido la consciencia de estar practicándola. "¿Así que le ayudé? Yo estaba divirtiéndome. Estaba danzando mi danza. Si le fui útil ¡qué maravilla! Lo felicito. No me debe nada". Cuando usted lo logre, cuando esté consciente, progresivamente dejarán de importarle los rótulos como "despierto" o "dormido". Una de mis dificultades en este punto es despertar su curiosidad sin despertar su avaricia espiritual. Despertémonos, va a ser maravilloso. Después de un tiempo, no importa; uno está consciente porque vive. La vida sin consciencia no vale la pena. Y usted dejará que el dolor cuide de sí mismo.

❋
CEDER

Cuanto más trate usted de cambiar, peor puede ser. ¿Significa esto que cierto grado de pasividad está bien? Sí, cuanto más resista usted algo, tanto más poder le está concediendo. Creo que ése es el significado de las palabras de Jesús: "Cuando alguien te golpea en la mejilla derecha, ofrécele también la izquierda". Siempre se les da poder a los demonios con los que se lucha. Eso es muy oriental. Pero si se fluye con el enemigo, se derrota al enemigo. ¿Cómo afrontar el mal? No luchando contra él, sino comprendiéndolo. Al comprenderlo, desaparece. ¿Cómo enfrentarse a la oscuridad? No con el puño cerrado. No se expulsa a la oscuridad de una habitación con una escoba, sino encendiendo la luz. Cuanto más luche usted contra la oscuridad, tanto más real será ésta para usted, y tanto más se fatigará. Pero cuando se enciende la luz de la consciencia, la oscuridad desaparece. Digamos que este pedazo de papel es un cheque por mil millones de dólares. Ah, el Evangelio dice que debo renunciar a él, debo renunciar si quiero la vida eterna. ¿Usted va a cambiar una avaricia — una avaricia espiritual — por la otra avaricia? Antes, usted tenía un ego mundano, y ahora tiene un ego espiritual, pero de todas maneras tiene un ego, un ego refinado y más difícil de controlar. Cuando renuncio a alguna cosa, quedo atado a ella. Pero si en lugar de renunciar a ella, la miro y digo: "Esto no es un cheque por mil millones de dólares, esto es un pedazo de papel", no tendré que luchar contra nada, no tendré que renunciar a nada.

UNA VARIEDAD DE TRAMPAS

En mi país, muchos hombres crecen con la idea de que las mujeres son reses. "Me casé con ella", dicen. "Ella me pertenece". ¿Debemos culpar a estos hombres? Prepárense para una sorpresa: No. Lo mismo que no se puede culpar a muchos estadounidenses por la manera de percibir a los rusos. Sus anteojos o percepciones están teñidos de determinado color, y así perciben; ése es el color a través del cual miran el mundo. ¿Qué se requiere para convertirlos a la realidad, para que se den cuenta de que están mirando el mundo a través de anteojos de colores? No hay salvación hasta que vean su prejuicio básico.

Apenas miramos el mundo a través de una ideología, estamos perdidos. Ninguna realidad se ajusta a una ideología. La vida está más allá de eso. Por eso la gente siempre busca el sentido de la vida. Pero la vida no tiene sentido; no puede tener sentido porque el sentido es una fórmula; el sentido es algo que significa algo para la mente. Cada vez que usted logra verle el sentido a la realidad, tropieza con algo que destruye el sentido que usted vio. El sentido sólo se encuentra cuando se va más allá del sentido. La vida sólo tiene sentido cuando se percibe como un misterio y no tiene sentido para la mente que conceptualiza.

No digo que la adoración no sea importante, pero sí digo que la duda es infinitamente más importante que la adoración. En todas partes la gente busca objetos para adorar, pero yo no encuentro gente suficientemente despierta en sus actitudes y convicciones. Cuán felices seríamos si los terroristas adoraran menos a su ideología y cuestionaran más. Sin embargo, no nos gusta aplicarnos eso a nosotros mismos; creemos que nosotros tenemos razón y que los terroristas están equivocados.

Pero el individuo que es un terrorista para usted es un mártir para el otro bando.

La soledad es cuando a usted le hace falta la gente, el aislamiento es cuando usted se está divirtiendo. Recuerde ese apunte de George Bernard Shaw. Estaba él en uno de esos horribles cocteles en que nada se dice. Alguien le preguntó si se estaba divirtiendo (a sí mismo). Él respondió: "Es el único que aquí me divierte".* Usted no disfruta de los demás si es esclavo de ellos. La comunidad no se forma con un grupo de esclavos, con gente que exige que otra gente los haga felices. La comunidad se forma con emperadores y princesas. Usted es un emperador, no un mendigo; usted es una princesa, no una mendiga. No hay lugar para las limosnas en una verdadera comunidad. No hay apego, no hay ansiedad, no hay temor, no hay resaca, no hay posesividad, no hay exigencias. Las personas libres forman la comunidad, no los esclavos. Esto es una verdad sencilla, pero ha sido opacada por toda la cultura, incluyendo la cultura religiosa. La cultura religiosa puede ser muy manipuladora si no se tiene cuidado.

Algunas personas ven la consciencia como un lugar alto, como una meseta, que está *más allá* de la experiencia de vivir cada momento como es. Eso es hacer de la consciencia una meta. Pero con la verdadera consciencia no hay a dónde ir, nada que lograr. ¿Cómo llegamos a esta consciencia? Por medio de la consciencia. Cuando la gente dice que realmente desea experimentar cada momento, realmente está hablando de la consciencia, excepto por ese "deseo". Usted no debe experimentar la consciencia; o la tiene o no la tiene.

Un amigo mío acaba de irse para Irlanda. Me dijo que aunque es estadounidense tiene derecho a un pasaporte irlandés, y que lo iba a solicitar porque le da miedo viajar al extranjero con un pasaporte estadounidense. Si los terroristas llegan y dicen: "Muestre su pasaporte", él puede decir: "Yo soy irlandés". Pero cuando la gente se sienta al lado de él en el

---

*Hay aquí un juego de palabras que es intraducible: "Enjoying himself" significa literalmente "divertir a sí mismo".

avión, no querrá ver los rótulos; querrá gustar y conocer a esta persona, como realmente es. ¿Cuánta gente se pasa la vida sin tomar alimentos sino menú? Un menú no es más que una indicación de lo que está disponible. Usted quiere comerse el filete, no las palabras.

❄

MI MUERTE

¿Uno puede ser completamente humano sin experimentar la tragedia? La única tragedia que hay en el mundo es la ignorancia; todo el mal viene de ella. La única tragedia que hay en el mundo es estar dormidos o no ser conscientes. De ellos viene el miedo, y del miedo viene todo lo demás, pero la muerte no es una tragedia. Morir es maravilloso; es horrible sólo para las personas que nunca comprendieron la vida. Solamente cuando se le tiene miedo a la vida se le tiene miedo a la muerte. Solamente los muertos temen a la muerte. Quienes están vivos no temen a la muerte. Un autor estadounidense lo expresa muy bien. Dice que el despertar es la muerte de la creencia en la injusticia y la tragedia. El fin del mundo para una oruga es una mariposa para el maestro. La muerte es la resurrección. No estamos hablando de una resurrección que sucederá, sino de una que está sucediendo ahora mismo. Si usted muriera al pasado, si usted muriera cada minuto, sería una persona plenamente viva, porque una persona plenamente viva es alguien lleno de muerte. Siempre estamos muriendo a las cosas. Siempre estamos desembarazándonos de todo para ser plenamente vivos y para resucitar a cada momento. Los místicos, los santos y otras personas hacen grandes esfuerzos por despertar a la gente. Si no despierta, siempre va a tener esos pequeños malestares como el hambre, las guerras y la violencia. El mayor de los males es la gente dormida, la gente ignorante.

Una vez un jesuita le escribió al padre Arrupe, su superior general, preguntándole cuál era el valor relativo del comunismo, el socialismo y el capitalismo. El padre Arrupe le dio una bella respuesta. Le dijo: "Un sistema es tan bueno o tan malo como la gente que lo utiliza". Gente con corazones de oro harían que el capitalismo o el comunismo o el socialismo funcionaran bellamente.

No le pida al mundo que cambie — cambie usted primero. Entonces podrá mirar bien al mundo de manera que podrá cambiar lo que piense que se debe cambiar. Quite la catarata de su propio ojo. Si no lo hace, ha perdido el derecho de cambiar a alguien o algo. Usted no tiene derecho a inmiscuirse en los asuntos de otros o del mundo hasta que sea consciente de usted mismo. El peligro de intentar cambiar a los demás o cambiar las cosas cuando uno no es consciente es que puede estar cambiando las cosas para su propia conveniencia, su orgullo, sus convicciones y creencias dogmáticas, o sencillamente para aliviar sus sentimientos negativos. Yo tengo sentimientos negativos, así que cambie usted de tal manera que yo me sienta bien. Primero, ocúpese de sus sentimientos negativos de manera que cuando vaya a cambiar a otros no actúe por odio o negatividad sino por amor. Puede parecer extraño que la gente pueda ser muy dura con los demás y, sin embargo, amar mucho. El cirujano puede ser muy duro con el paciente y, sin embargo, amar mucho. El amor puede ser muy duro, ciertamente.

✴ LA VISIÓN Y LA COMPRENSIÓN

Pero ¿qué implica cambiarse a sí mismo? Lo he dicho en muchas palabras, una y otra vez, pero ahora voy a descomponerlo en pequeños segmentos. Primero, visión. No el esfuerzo, no el cultivo de hábitos, no un ideal. Los ideales hacen mucho daño. Todo el tiempo usted se está concentrando en lo que debe ser en lugar de concentrarse en lo que es. Y así está imponiendo lo que debe ser a una realidad presente, sin haber comprendido nunca qué es esa realidad presente. Les daré un ejemplo de visión de mi propia experiencia como consejero. Un sacerdote me busca y me dice que es perezoso; quiere ser más industrioso, más activo, pero es perezoso. Le pregunto qué quiere decir "perezoso". En los viejos tiempos le habría dicho: "Veamos; ¿por qué no hace una lista de las cosas que usted quiere realizar todos los días, y por las noches la comprueba? Eso le hará sentirse bien; así puede adquirir el hábito". O podría decirle: "¿Quién es su ideal, su santo patrono?" Y si dijera que San Francisco Javier, le diría: "Mire cómo trabajó Javier. Usted debe meditar sobre él y eso lo pondrá en movimiento". Ésa es una forma de actuar, pero siento decir que es superficial. Hacer que él use su fuerza de voluntad, que haga esfuerzo, no dura mucho. Su comportamiento puede cambiar, pero él no cambia.

De manera que ahora me voy en otra dirección. Le digo:

— ¿Perezoso? ¿Qué es eso? Hay un millón de variedades de pereza. Miremos cuál es su tipo de pereza. Dígame qué significa perezoso para usted.

Me dice:

— Bueno, yo nunca termino nada. No me dan deseos de hacer nada.

— ¿Es decir, desde el momento en que se levanta por la mañana?

— Sí. Me despierto por la mañana, y no hay nada por lo cual valga la pena levantarme.

Entonces, ¿está deprimido?

— Podría decirse que sí. Es como si estuviera en retirada.

— ¿Siempre ha sido así?

— Bueno, no siempre. Cuando era más joven, era más activo. Cuando estaba en el seminario, estaba lleno de vida.

— Entonces, ¿cuándo empezó eso?

— Ah, hace unos tres o cuatro años.

Le pregunto si algo sucedió en ese entonces. Lo piensa un rato. Le digo:

— Si tiene que pensarlo tanto, no puede haber sucedido algo muy especial hace cuatro años. ¿Qué tal el año anterior?

— Ese año me ordené.

— ¿Sucedió algo el año de su ordenación?

— Hubo un pequeño incidente, el examen final de teología; no lo aprobé. Fue una desilusión, pero ya lo superé. El obispo pensaba mandarme a Roma para que después enseñara en el seminario. La idea me gustaba, pero como no aprobé el examen, cambió de opinión y me mandó a esta parroquia. Realmente, hubo algo de injusticia porque...

Estaba agitado; había allí una ira de la que no se había recuperado. Tiene que solucionar esa desilusión. Es inútil echarle un sermón o darle una idea. Tenemos que lograr que se enfrente con su ira y su desilusión y que de ello obtenga algo de visión. Cuando sea capaz de solucionar todo eso, tendrá vida de nuevo. Si yo lo exhortara y le dijera que sus hermanos y hermanas casados trabajan mucho, eso solamente lo haría sentirse culpable. No tiene la visión de sí mismo que lo va a curar. De manera que eso es lo primero.

Hay otra gran tarea: la comprensión. ¿Usted pensaba realmente que esto lo iba a hacer feliz? Simplemente suponía que lo iba a hacer feliz. ¿Por qué quería usted enseñar en el seminario? Porque quería ser feliz. Usted creía que ser profesor, tener un cierto status y prestigio lo haría feliz. ¿Sí sería así? Aquí se requiere comprensión.

Al hacer la distinción entre "yo" y "mí", es muy útil desidentificar lo que está sucediendo. Les daré un ejemplo de este tipo de cosa: Un joven jesuita vino a verme; era un hombre amable, extraordinario, talentoso, encantador, simpático — todo. Pero tenía un extraño problema. Los empleados le tenían terror. Hasta se supo que en ocasiones los había agredido. Eso estuvo a punto de convertirse en un caso de policía. Siempre que lo encargaban de los jardines, de la escuela, o de lo que fuera, se presentaba este problema. Hizo un retiro espiritual de treinta días en lo que los jesuitas llamamos la Tercera Probación. Meditó día tras día sobre la paciencia y el amor de Jesús por los menos privilegiados, etc. Pero yo sabía que eso no iba a producir ningún efecto. De todos modos, regresó a casa, y las cosas mejoraron durante tres o cuatro meses. (Alguien dijo que empezamos los retiros en el nombre del Padre y del Hijo y del Espíritu Santo, y que los terminamos como era en el principio, ahora y siempre, por los siglos de los siglos. Amén.) Después de ese lapso, volvió a ser como al principio. De manera que vino a verme. En esa época yo estaba muy ocupado. Aunque él había venido de otra ciudad de la India, yo no podía recibirlo. De modo que le dije: "Voy a dar mi caminata vespertina; si quiere acompañarme, está bien, pero no dispongo de más tiempo". Entonces fuimos a dar una caminata. Yo ya lo conocía, y mientras caminábamos, tuve una extraña sensación. Cuando tengo estas sensaciones extrañas, generalmente las verifico con la persona implicada. De manera que le dije:

—Tengo la extraña sensación de que usted me oculta algo. ¿Así es?

Se indignó. Me contestó:

—¿Qué quiere decir por "oculta" algo? ¿Usted cree que yo hice este largo viaje para pedirle a usted algún tiempo a fin de ocultarle algo?

Le manifesté:

—Es una extraña sensación que tuve, eso es todo; pensé que lo mejor era verificarla con usted.

Seguimos caminando. No lejos de donde vivo hay un lago. Recuerdo la escena claramente. Me dijo:

—¿Podríamos sentarnos en alguna parte?

—Muy bien — le respondí.

Nos sentamos en un pequeño muro que bordea el lago.

—Usted tiene razón. Le estoy ocultando algo — me dijo, y rompió a llorar. Luego agregó—: Le voy a contar algo que no le he dicho a nadie desde que soy jesuita. Mi padre murió cuando yo era muy joven, y mi madre se convirtió en una sirvienta. Ella lavaba orinales, retretes y baños, y a veces trabajaba dieciséis horas diarias para conseguir con qué sostenernos. Eso me avergüenza tanto que se lo he ocultado a todo el mundo, y sigo vengándome, irrazonablemente, de ella y de toda la clase trabajadora.

El sentimiento se transfirió. Nadie podía comprender por qué este hombre encantador se comportaba de esa manera, pero en el momento en que él lo vio, nunca más hubo problemas, nunca más. Se curó.

❄

NO EMPUJAR

La meditación y la imitación externa del comportamiento de Jesús no sirven. No se trata de imitar a Cristo, se trata de convertirse en lo que Jesús era. Se trata de convertirse en Cristo, de ser consciente, de comprender lo que sucede en usted. Todos los otros métodos que usamos para cambiar podrían compararse con empujar un automóvil. Supongamos que tenemos que viajar a una ciudad distante. Por el camino, el automóvil se descompone. Qué lástima; el automóvil se descompuso. De manera que nos remangamos y empezamos a empujar el automóvil. Y empujamos, y empujamos, y empujamos, hasta que llegamos a la ciudad distante. "Bueno", decimos, "lo logramos". Y después empujamos el automóvil ¡hasta otra ciudad! Ustedes dicen: "Bueno, llegamos, ¿no es verdad?" Pero ¿a eso lo llaman ustedes vida? ¿Saben lo que necesitan? Necesitan un experto, un mecánico que levante la tapa y cambie el sistema de encendido. De modo que cuando ustedes muevan la llave del encendido, el automóvil se mueva. Ustedes necesitan al experto — necesitan comprensión, visión, consciencia — no es necesario que empujen. No se necesita ningún esfuerzo. Por eso la gente se cansa tanto, se fatiga. A ustedes y a mí nos prepararon para estar insatisfechos con nosotros mismos. Psicológicamente, de ahí proviene el mal. Siempre estamos insatisfechos, siempre estamos descontentos, siempre estamos empujando. Continúen, hagan más esfuerzo, más y más esfuerzo. Pero siempre hay ese conflicto interior; hay muy poca comprensión.

❄

SEAMOS REALES

En la India tuvo lugar un día especial en mi vida. Fue en realidad un gran día, el día después de mi ordenación. Estaba confesando. En nuestra parroquia teníamos a un sacerdote jesuita muy santo, un español, a quien yo conocía desde antes de ingresar en el noviciado. La víspera de irme para el noviciado, pensé que lo mejor era aclarar todo de manera que cuando llegara al noviciado estuviera limpio de todo y no tuviera que contarle nada al maestro de novicios. Solía haber largas colas de gente esperando para confesarse con este viejo sacerdote español. Tenía un pañuelo de color violeta con el cual se cubría los ojos, y murmuraba algo, le imponía a uno una penitencia y lo despedía. A mí me había visto solamente un par de veces, y me decía Antonie. De manera que hice la cola, y cuando me llegó el turno, traté de cambiar mi voz mientras me confesaba. Me escuchó pacientemente, me impuso la penitencia, me absolvió, y luego me dijo: "Antonie, ¿cuándo te vas para el noviciado?"

Bueno, de todas maneras, fui a esa parroquia al día siguiente de mi ordenación, y el anciano sacerdote me dijo:

—¿Quieres confesar?

Yo le contesté:

—Está bien.

—Siéntate en mi confesionario.

Yo pensé:

"¡Caramba!, yo soy un santo. Voy a sentarme en su confesionario". Confesé durante tres horas. Era Domingo de Ramos, y con motivo de la Pascua había mucha gente. Terminé deprimido, no por lo que había oído, porque ya lo esperaba, y, al comprender algo de lo que ocurría en mi propio corazón, nada me escandalizaba. ¿Saben qué fue lo que me deprimió? Darme cuenta de que le estaba diciendo a la gente todos esos piadosos lugares comunes: "Rézale a la Madre Bendita, ella te ama", y "Recuerda que Dios está de tu lado". ¿Eran estos piadosos lugares comunes una cura para el cáncer? Y la falta de consciencia y realidad con la que me enfrento es un cáncer. De manera que ese día me juré a mí mismo: "Aprenderé, aprenderé, de manera que cuando todo concluya no me digan: «Padre, lo que me dijo era absolutamente cierto pero totalmente inútil»".

Consciencia, visión. Cuando ustedes sean expertos (y pronto serán expertos) no necesitarán hacer un curso de psicología. Cuando empiecen a observarse a ustedes mismos, a vigilarse a ustedes mismos, a identificar esos sentimientos negativos, encontrarán su propia manera de explicarlo, y se darán cuenta del cambio. Pero entonces tendrán que vérselas con el gran villano, y ese villano es la autocondenación, el odio a sí mismo, la insatisfacción consigo mismo.

✳ IMÁGENES VARIADAS

Hablemos más del cambio sin esfuerzo. Se me ocurrió una bonita imagen para eso, un bote de vela. Cuando un viento poderoso empuja la vela de un velero, éste se desliza sin esfuerzo, de manera que el piloto no tiene que hacer nada sino dirigirlo. No hace ningún esfuerzo; no empuja el bote. Ésa es una imagen de lo que sucede cuando el cambio ocurre por medio de la consciencia, por medio de la comprensión.

Estuve mirando algunas de mis notas y encontré algunas citas que se acomodan a lo que he dicho. Escuchen la siguiente: "No hay nada más cruel que la naturaleza. En todo el universo no hay posibilidad de escapar de ella, y, sin embargo, no es la naturaleza la que hace daño, sino el propio corazón de la persona". ¿No tiene eso sentido? No es la naturaleza la que hace daño, sino el propio corazón de la persona. Hay una historia sobre un irlandés que se cayó de un andamio y se golpeó. Le preguntaron:

—¿Te dolió la caída?

Y él dijo:

—No, no me dolió la caída sino la parada. Cuando se corta el agua, el agua no se lastima; cuando se corta algo sólido, se rompe. Usted tiene en su interior actitudes sólidas; tiene ilusiones sólidas; eso es lo que se golpea contra la naturaleza, ahí es donde su corazón se lastima, de ahí proviene el dolor.

He aquí una historia muy hermosa: Es de un sabio oriental, aunque no recuerdo de quién. Lo mismo que con la Biblia, no importa el autor. Lo que importa es lo que se dice: "Si el ojo no está obstruido, se tiene la visión; si el oído no está obstruido, el resultado es que se oye; si la nariz no está obstruida, el resultado es el sentido del olfato; si la boca no está obstruida, el resultado es el sentido del gusto; si la mente no está obstruida, el resultado es la sabiduría".

La sabiduría llega cuando usted descarta las barreras que

ha erigido con sus conceptos y su condicionamiento. La sabiduría no es algo que se adquiera; la sabiduría no es la experiencia; la sabiduría no es aplicarles a los problemas de hoy las ilusiones de ayer. Como me dijo alguien cuando yo estaba estudiando para obtener mi grado de psicología en Chicago, hace muchos años: "Con frecuencia en la vida de un sacerdote, cincuenta años de experiencia es un año de experiencia repetido cincuenta veces". Usted tiene en reserva las mismas soluciones: Así es como se debe tratar a los alcohólicos; así es como se debe tratar a los sacerdotes; así es como se debe tratar a las religiosas; así es como se debe tratar a una divorciada. Pero eso no es sabiduría. La sabiduría es ser sensible a *esta* situación, a *esta* persona, sin influencias del pasado, sin rastro de la experiencia del pasado. Esto no es exactamente lo que la mayoría de las personas están habituadas a pensar: Yo agregaría otra sentencia: "Si el corazón no está obstruido, el resultado es el amor". Durante estos días he hablado mucho del amor, aunque les dije que sobre el amor no se puede realmente decir nada. Solamente podemos hablar de lo que no es amor. Solamente podemos hablar de las adicciones. Pero sobre el amor mismo no se puede decir nada explícitamente.

❋

NO DIGAMOS NADA SOBRE EL AMOR

¿Cómo describiría *yo* el amor? Decidí darles una de las meditaciones que estoy escribiendo en mi nuevo libro. Se la leeré despacio; mediten sobre ella a medida que la lean, porque aquí la tengo en forma abreviada, de manera que puedo leerla en tres o cuatro minutos; si no fuera así, tardaría una media hora. Es un comentario sobre una frase del Evangelio. Había estado pensando sobre otra reflexión de Platón: "No se puede esclavizar a una persona libre, porque una persona libre es libre aun en la prisión". Es como otra frase del Evangelio: "Si alguien te obliga a recorrer con él dos kilómetros, recorre cuatro kilómetros". Usted puede pensar que me ha esclavizado poniendo sobre mi espalda una pesada carga, pero no lo ha hecho. Si una persona trata de cambiar la realidad externa estando fuera de la prisión para ser libre, realmente está prisionera. La libertad no está en las circunstancias externas; la libertad reside en el corazón. Cuando ustedes hayan logrado la sabiduría, ¿quién podrá esclavizarlos? De todas maneras, escuchen la frase del Evangelio en que estaba pensando antes: "Él despidió a la gente, y después subió a la montaña a fin de orar a solas. Se hizo tarde y él estaba allí solo". De *eso* se trata el amor. ¿Se les ha ocurrido alguna vez que sólo es posible amar cuando uno está solo? ¿Qué significa amar? Significa ver a una persona, una situación, una cosa como realmente es, no como uno se imagina que es. Y responderle como merece. Es difícil decir que uno ama lo que ni siquiera ve. ¿Y qué nos impide ver? Nuestro condicionamiento. Nuestros conceptos, nuestras categorías, nuestros prejuicios, nuestras proyecciones, los rótulos que hemos adquirido de nuestras culturas y nuestra experiencia pasada. Ver es una de las cosas más difíciles para un ser humano, porque para ello se requiere una mente alerta y disciplinada. Pero la mayoría de la gente prefiere caer en la pereza mental en lugar de molestarse en ver a cada persona, a cada cosa en su momento presente de frescura.

❄
LA PÉRDIDA DEL CONTROL

Si ustedes quieren comprender el control, piensen en un niño a quien le dan a probar drogas. Cuando las drogas penetran en el cuerpo del niño, éste se convierte en un adicto; todo su ser reclama la droga. Estar sin la droga es un tormento tan intolerable que parece preferible morir. Piensen en esa imagen: el cuerpo se ha vuelto adicto a la droga. Esto fue exactamente lo que la sociedad les hizo a ustedes cuando nacieron. No les permitió disfrutar del alimento sólido y nutritivo de la vida — es decir, del trabajo, del juego, de la diversión, de la risa, de la compañía de la gente, de los placeres de los sentidos y de la mente. Les dio una prueba de la droga llamada aprobación, aprecio, atención.

Voy a mencionar a un gran hombre, un hombre llamado A. S. Neill. Es el autor de *Summerhill*. Neill dice que el síntoma de que un niño está enfermo es que siempre gira alrededor de sus padres; le interesan las *personas*. El niño saludable no se interesa por las personas, sino por las *cosas*. Cuando un niño está seguro de que su madre lo ama, se olvida de su madre; sale a explorar el mundo; es curioso. Busca una rana para ponerse en la boca — ese tipo de cosa. Cuando un niño no se despega de su madre, es una mala señal; es inseguro. Tal vez la madre ha estado tratando de que el niño la quiera, no le ha dado toda la libertad y la seguridad que necesita. La madre lo ha estado amenazando de muchas maneras sutiles con abandonarlo.

De manera que nos dieron una prueba de adicción a varias drogas: la aprobación, la atención, el éxito, llegar arriba, el prestigio, ser nombrado en el periódico, tener poder, ser jefe. Nos hicieron probar cosas como ser el capitán del equipo, ser el director de la banda, etc. Habiendo probado estas drogas, nos convertimos en adictos y empezamos a temer perderlas. Recuerden la falta de control que sentían, el terror ante la perspectiva del fracaso o de cometer errores, ante la perspectiva de que otros lo criticaran. De manera que usted se volvió dependiente de los demás, y perdió su libertad. Otros tienen ahora el poder de hacerlo feliz o desgraciado. Usted necesita sus drogas, pero a pesar de que detesta el sufrimiento que esto implica, usted está completamente indefenso. No hay un minuto en que, consciente o inconscientemente, usted no esté al tanto de las reacciones de otros o sintonizado con ellas y marchando al compás de sus tambores. Una bonita definición de una persona que despertó: una persona que ya no marcha al compás de los tambores de la sociedad, una persona que danza al ritmo de la música que surge de su interior. Cuando a usted no le ponen atención o no simpatizan con usted, siente un aislamiento tan intolerable que se arrastra de nuevo hacia la gente y suplica que le den la droga llamada apoyo y ánimo, seguridad. Vivir con la gente en este estado implica una tensión inacabable. "El infierno son los demás", dijo Sartre. Qué gran verdad. Cuando uno se halla en este estado de dependencia, siempre tiene que comportarse de la mejor manera; nunca puede relajarse; tiene que cumplir las expectativas. Vivir con la gente es vivir tensionado. Estar sin ellas produce la agonía del aislamiento, porque la echa de menos. Uno ha perdido la capacidad de ver a los demás exactamente como son y de responderles adecuadamente, porque la percepción que tiene de ellos está distorsionada por la necesidad de obtener la droga. Los ve cuando los considera como un apoyo para obtener la droga o como una amenaza de ser despojado de ella. Consciente o inconscientemente, uno siempre mira a la gente con esos ojos. ¿Obtendré de ellos lo que quiero, no obtendré de ellos lo que quiero? Y si no pueden ni apoyar ni amenazar mi droga, no me interesan. Decir eso es una cosa horrible, pero me pregunto si hay alguien aquí de quien no se pueda decir esto.

❋
ESCUCHAR LA VIDA

Ahora bien, se necesita consciencia y se necesita alimento. Se necesita alimento bueno y saludable. Aprenda a disfrutar del alimento sólido de la vida. La buena comida, el buen vino, la buena agua. Pruébelos. Enloquezca y vuélvase cuerdo. Ése es alimento bueno y saludable. Los placeres de los sentidos y los placeres de la mente. La buena lectura; cuando usted disfruta de un buen libro. O una buena discusión, o pensar. Es maravilloso. Infortunadamente, la gente se ha vuelto loca, y cada vez es más adicta porque no sabe disfrutar de las cosas amables de la vida. De manera que busca estimulantes artificiales cada vez más fuertes.

En los años 70, el presidente Carter les pidió a los estadounidenses que adoptaran un régimen de austeridad. Yo pensé: No debiera decirles que sean austeros; en realidad, debiera decirles que disfruten de las cosas. La mayoría de la gente ha perdido la capacidad de disfrutar. Realmente creo que la mayoría de la gente de los países ricos ha perdido esa capacidad. Necesita tener aparatos más y más costosos; es incapaz de disfrutar de las cosas sencillas de la vida. Yo voy a lugares en donde tienen la música más maravillosa, y estos discos se consiguen con descuento, y están allí apilados; nunca veo a nadie escuchándolos — no hay tiempo, no hay tiempo, no hay tiempo. Son culpables, no tienen tiempo para disfrutar de la vida. Tienen exceso de trabajo, seguido, seguido, seguido. Si realmente ustedes disfrutaran de la vida y de los placeres sencillos de los sentidos, quedarían sorprendidos. Ustedes adquirirían la extraordinaria disciplina de un animal. Un animal nunca come en exceso. En su ambiente natural, nunca tendrá sobrepeso. Nunca comerá ni beberá nada que no sea bueno para su salud. Nunca se encontrará a un animal fumando. Siempre hace suficiente ejercicio — observe a su gato después del desayuno, mire cómo se relaja. Y vea cómo entra en acción, mire la flexibilidad de sus miembros y la vitalidad de su cuerpo. Hemos perdido eso. Nos hemos extraviado en la mente, en nuestras ideas e ideales y en lo demás, y siempre tenemos que seguir, seguir, seguir. Tenemos un conflicto interno que los animales no tienen. Siempre nos estamos condenando a nosotros mismos y haciéndonos sentir culpables. Ustedes saben de lo que estoy hablando. Yo podría haber dicho de mí mismo lo que me dijo un amigo jesuita hace algunos años: Llévese ese plato de dulces, porque en presencia de un plato de dulces o de chocolates, pierdo mi libertad. Eso también me ocurría a mí; yo perdía mi libertad en presencia de muchas cosas, pero ya no. Me satisfago con muy poco, y lo disfruto intensamente. Cuando se disfruta intensamente, se necesita muy poco. Es como las personas que están ocupadas haciendo planes para las vacaciones; dedican meses enteros a organizarlas, y llegan al lugar, y están ansiosas sobre sus reservaciones de regreso. Pero toman fotografías, y después le mostrarán a usted en un álbum las fotografías de los lugares que no vieron sino que fotografiaron. Eso es un símbolo de la vida moderna. Es imposible ponerlos en guardia con demasiado énfasis contra este tipo de ascetismo. Disminuya la velocidad y guste y huela y oiga, y deje que sus sentidos cobren vida. Si quiere ir hacia el misticismo por un camino real, siéntese en silencio y escuche todos los sonidos que lo rodean. No se concentre en ningún sonido; trate de oírlos todos. ¡Verá los milagros que le ocurrirán cuando sus sentidos se hayan abierto! Eso es sumamente importante para el proceso de cambio.

✳ EL FINAL DEL ANÁLISIS

Quiero darles una idea de la diferencia que hay entre el análisis y la consciencia, o entre la información por una parte y la visión por otra. La información no es visión, el análisis no es consciencia, el conocimiento no es consciencia. Imagínense que yo llego con una serpiente enroscada en el brazo, y les digo: "¿Ven esta serpiente enroscada en mi brazo? Acabo de verificarlo en una enciclopedia antes de venir a esta sesión; encontré que esta serpiente se conoce como la víbora de Russell. Si me mordiera, me moriría en medio minuto. ¿Podrían sugerirme alguna manera de librarme de esta criatura que está enroscada en mi brazo?" ¿Quién es el que habla de esta manera? Tengo información, pero no tengo consciencia.

O supongamos que me estoy destruyendo con el alcohol. "Por favor, describan las formas en que puedo librarme de esta adicción". Una persona que dijera eso no tendría consciencia. Sabe que se está destruyendo, pero no está consciente de ello. Si fuera consciente, la adicción desaparecería en ese mismo momento. Si yo fuera consciente de lo que la serpiente es, no me la quitaría del brazo; *ella se quitaría por medio de mí.* De eso es de lo que estoy hablando, ése es el cambio del que estoy hablando. Usted no se cambia: el *mí* no cambia al *mí.* El cambio tiene lugar *por intermedio de* usted, en usted. Ésa es la forma más adecuada en que puedo expresarlo. Usted ve que el cambio tiene lugar en usted, por intermedio de usted; en su consciencia; tiene lugar: *usted* no lo realiza. Cuando usted lo está haciendo, es mala señal; no durará. Y si dura, que Dios se apiade de las personas que viven con usted, porque usted va a ser muy rígido. Es imposible vivir con las personas que se convierten sobre la base del odio a sí mismas y la insatisfacción consigo mismas. Alguien dijo: "Si quieres ser mártir, cásate con un santo". Pero en la consciencia, usted conserva su suavidad, su delicadeza, su amabilidad, su apertura, su flexibilidad, y usted no se fuerza: el cambio sucede.

Recuerdo que cuando yo estaba en Chicago estudiando psicología, un sacerdote nos dijo: "Yo tenía toda la información que necesitaba; sabía que el alcohol me estaba matando, y créanme, nada cambia a un alcohólico — ni siquiera el amor de su esposa y de sus hijos. Él realmente los ama, pero eso no lo hace cambiar. Yo descubrí algo que me hizo cambiar. Un día estaba caído en una cuneta bajo una ligera llovizna. Abrí los ojos y vi que eso me estaba matando. Lo vi, y no quise volver a probar ni una gota. En realidad, desde entonces he bebido un poco, pero nunca lo suficiente para hacerme daño. No podría hacerlo, ni he podido". Estoy hablando de eso: consciencia. No información, sino consciencia.

Un amigo mío que fumaba demasiado me dijo: "Hay toda suerte de chistes sobre el cigarrillo. Nos dicen que el tabaco mata, pero mira a los antiguos egipcios; todos están muertos y ninguno fumaba". Un día tuvo problemas con los pulmones, de manera que fue a nuestro instituto de investigación sobre el cáncer de Bombay. El médico le dijo: "Padre, usted tiene dos manchas en los pulmones. Podría ser cáncer, de manera que tiene que volver dentro de un mes". Después de eso mi amigo no volvió a tocar un cigarrillo. Antes *sabía* que lo mataría; ahora, estaba *consciente* de que podría matarlo. Ésa es la diferencia.

El fundador de mi orden, San Ignacio, tiene para eso una bonita expresión. Lo llama gustar y sentir la verdad — no conocerla sino gustarla y sentirla, tener la sensación de ella. Cuando uno la siente, cambia. Cuando la conoce en la cabeza, no cambia.

✳
SIEMPRE ADELANTE

He dicho con frecuencia que la manera de vivir realmente es morir. El pasaporte a la vida es imaginarse a uno mismo en la tumba. Imagine que está en su ataúd. En la posición que quiera. En la India los ponemos con las piernas cruzadas. A veces los llevan así al lugar de la cremación. Sin embargo, a veces están acostados. De manera que imagine que está acostado, y que está muerto. Ahora mire sus problemas desde ese punto de vista. Todo cambia, ¿verdad?

Qué hermosa, hermosa meditación. Hágala todos los días si tiene tiempo. Es increíble, pero eso le dará vida. Tengo una meditación sobre eso en un libro mío llamado *La Fuente*. Se ve el cuerpo en descomposición, después huesos, después polvo. Siempre que hablo de esto la gente dice: "¡Qué asco!" Sin embargo, ¿qué tiene de asqueroso? Por Dios, es la verdad. Pero muchos de ustedes no quieren ver la realidad. No quieren pensar en la muerte. La mayoría de la gente no vive, simplemente mantiene vivo el cuerpo. Eso no es vida. Uno no vive hasta que no le importe en absoluto si está vivo o muerto. En ese momento, uno está vivo. Cuando usted esté dispuesto a perder su vida, vivirá. Pero si está protegiendo su vida, estará muerto. Si usted está sentado en el desván y yo le digo: "¡Baje!" y usted responde: "Ah, no. Yo he leído qué pasa cuando la gente baja las escaleras. Se resbala y se desnuca; es demasiado peligroso". O si no puedo lograr que cruce la calle porque me dice: "¿Sabe a cuántas personas atropellan cuando cruzan la calle?" Si no puedo lograr que cruce la calle, ¿cómo puedo lograr que cruce un continente? Y si no puedo lograr que usted mire por fuera de sus estrechas y pequeñas creencias y convicciones y vea otro mundo, usted está muerto, está completamente muerto; la vida lo dejó atrás. Usted está sentado en su pequeña prisión, asustado; no va a perder a su Dios, su religión, sus amigos, toda suerte de cosas. La vida es para los que se arriesgan, realmente, así es. Eso fue lo que dijo Jesús. ¿Están ustedes listos para arriesgarse? ¿Saben cuándo están preparados para arriesgarse? Cuando hayan descubierto eso, cuando sepan que esto que la gente llama vida no es realmente vida. La gente se equivoca al pensar que vivir es mantener vivo el cuerpo. De manera que amen el pensamiento de la muerte, ámenlo. Regresen a él una y otra vez. Piensen en la belleza de ese cadáver, de ese esqueleto, de esos huesos desmoronándose hasta que sólo quede un puñado de polvo. De ahí en adelante, qué alivio, qué alivio. Probablemente, algunos de ustedes no saben de qué estoy hablando en este momento; están demasiado asustados para pensarlo. Sin embargo, mirar la vida desde esa perspectiva es un gran alivio.

O visiten un cementerio. Es una experiencia enormemente purificadora y hermosa. Usted mira este nombre y dice: "Vaya, él vivió hace tantos años, hace dos siglos; tiene que haber tenido los mismos problemas que tengo yo, debe haber pasado muchas noches de insomnio. Qué locura, vivimos tan corto tiempo". Un poeta italiano dijo: "Vivimos en un destello de luz; anochece, y es una noche eterna". Es solamente un destello y lo desperdiciamos. Lo desperdiciamos con nuestra ansiedad, nuestras preocupaciones, nuestros asuntos, nuestras cargas. Bien, mientras hacen esa meditación pueden obtener solamente información; pero pueden lograr la consciencia. Y en ese momento de consciencia, ustedes estarán *nuevos*. Por lo menos mientras dura. Entonces sabrán la diferencia entre la información y la consciencia.

Recientemente, un amigo astrónomo me estaba contando algunas de las cosas fundamentales sobre la astronomía. No sabía, hasta que me lo dijo, que cuando vemos el Sol, lo vemos en el lugar en que estaba hace ocho minutos y medio, no donde está ahora. Porque un rayo de luz del Sol se demora ocho minutos y medio en llegar hasta nosotros. De manera que no lo vemos en el lugar en que está; ahora está en otra parte. También las estrellas nos han estado enviando luz durante cientos de miles de años. De manera que cuando las miramos, pueden no estar en donde las vemos; pueden estar en otra parte. Me dijo que, si imaginamos una galaxia, todo un universo, esta tierra nuestra estaría perdida cerca de la cola de la Vía Láctea; ni siquiera en el centro. Y todas las estrellas son soles y algunos soles son tan grandes que podrían contener al sol y a la tierra y a la distancia que hay entre ellos. Según una estimación conservadora, ¡hay cien millones de galaxias! El universo, como lo conocemos, se está expandiendo a una velocidad de tres millones setecientos mil kilómetros por segundo. Yo estaba fascinado oyendo todo esto, y cuando salí del restaurante en donde estábamos comiendo, miré hacia arriba y tuve un sentimiento diferente, una perspectiva diferente hacia la vida. Eso es consciencia. De manera que ustedes pueden oír todo esto como un hecho (y eso es información), o de repente tener otra perspectiva de la vida: ¿Qué somos, qué es el universo, qué es la vida humana? Cuando ustedes sientan eso, eso es lo que yo quiero decir cuando hablo de la consciencia.

❋

LA TIERRA DEL AMOR

Si realmente dejamos las ideas ilusorias acerca de algo que podrían darnos o quitarnos, estaríamos alertas. La consecuencia de no hacerlo es terrible e ineludible. Perdemos nuestra capacidad de amar. Si usted quiere amar, debe aprender a ver de nuevo. Y si quiere ver, debe aprender a renunciar a su droga. Así es de sencillo. Renuncie a su dependencia. Rompa los tentáculos de la sociedad que lo han rodeado y que han sofocado su ser. Renuncie a ellos. Externamente, todo seguirá como antes, pero aunque usted continuará estando en el mundo, ya no será *del* mundo. En su corazón, ahora será finalmente libre, aunque estará completamente solo. Su dependencia de la droga morirá. No tiene que irse para el desierto; está en medio de las personas. Disfruta de ellas enormemente. Pero ya no tienen el poder de hacerlo feliz o desdichado. Eso es lo que significa estar solo. En esta soledad muere su dependencia. Nace la capacidad de amar. Ya no ve a los demás como un medio de satisfacer la adicción. Solamente quien lo ha intentado conoce los terrores del proceso. Es como invitarse a sí mismo a morir. Es como pedirle al pobre drogadicto que renuncie a la única felicidad que ha conocido. ¿Cómo cambiarla por el sabor del pan y de la fruta y el sabor limpio del aire de la mañana, la dulzura del agua de la fuente en la montaña? Mientras luche con los síntomas de la abstinencia y el vacío que siente en su interior ahora que la droga se ha acabado, nada puede llenar el vacío excepto la droga. ¿Puede usted imaginar una vida en la cual usted se niega a disfrutar o a gozar con una sola palabra de aprecio, o a reclinar la cabeza en el hombro de alguien buscando apoyo? Piense en una vida en la cual usted no dependa de nadie emocionalmente, de manera que ya nadie tenga el poder de hacerlo feliz o desgraciado. Usted se niega a *necesitar* a una persona particular o a ser especial para alguien o a sentir que alguien le pertenece. Las aves del cielo tienen sus nidos y los zorros tienen sus madrigueras, pero usted no tendrá en dónde apoyar la cabeza en su viaje por la vida. Si alguna vez llega a este estado, sabrá finalmente lo que significa ver con una visión clara y sin nubes de temor o de deseo. Allí cada palabra se mide. *Ver finalmente con una visión que es clara, y sin nubes de temor o de deseo.* Sabrá lo que significa amar. Pero para llegar a la tierra del amor, tiene que pasar por los dolores de la muerte, porque amar a las personas significa morir a la necesidad de personas, y estar completamente solo.

¿Cómo podrá usted llegar allá algún día? Por medio de una consciencia incesante, por medio de una paciencia y una compasión infinitas como la que tendría por el drogadicto. Desarrollando el gusto por las cosas buenas de la vida para contrarrestar la necesidad de la droga. ¿Cuáles cosas buenas? El amor al trabajo que a usted le gusta hacer por el trabajo mismo; el amor a la risa y la intimidad con las personas a las cuales usted no se aferra y de las cuales no depende emocionalmente pero cuya compañía usted disfruta. También ayudará que usted realice actividades que pueda hacer con *todo su ser,* actividades que a usted le gusten tanto que cuando se dedique a ellas, el éxito, el reconocimiento y la aprobación sencillamente no signifiquen nada. También ayudará que regrese a la naturaleza. Despida a las multitudes, suba a las montañas, y comulgue en silencio con los árboles y las flores y los animales y las aves, con el mar y las nubes y el cielo y las estrellas. Ya le dije que mirar las cosas, ser consciente de las cosas que nos rodean es un gran ejercicio espiritual. Confiemos en que las palabras desaparecerán, los conceptos desaparecerán, y usted, ya lo verá, entrará en contacto con la realidad. Ésa es la cura para la soledad. Generalmente, tratamos de curar nuestra soledad dependiendo emocionalmente de la gente, y por medio de la sociabilidad y el ruido. Eso no es una cura. Regrese a las cosas, regrese a la naturaleza, suba a las montañas. Entonces sabrá que su corazón lo ha llevado al vasto desierto de la soledad, allí no hay nadie a su lado, absolutamente nadie.

Al principio esto parecerá insoportable. Pero eso es porque usted no está acostumbrado a estar solo. Si logra permanecer allí por un tiempo, el desierto florecerá de pronto en el amor. Su corazón estallará en cantos. Y siempre será primavera; la droga desaparecerá; usted es libre. Entonces comprenderá lo que es el amor, lo que es la felicidad, lo que es la realidad, lo que es la verdad, lo que es Dios. Usted verá, usted sabrá más allá de los conceptos y los condicionamientos, de las adicciones y los apegos. ¿Eso tiene sentido?

Voy a terminar con una hermosa historia. Hubo un hombre que inventó el arte de producir fuego. Tomó sus herramientas y fue a una tribu que residía en un lugar del norte en que hacía mucho frío, un frío cortante. Les enseñó a los de la tribu a producir fuego. Ellos se interesaron muchísimo. Les enseñó que el fuego era útil para varias cosas: para cocinar, para calentarse, etc. Ellos estaban muy agradecidos con él por haberles enseñado el arte de producir fuego. Pero antes de que pudieran expresar su gratitud, el hombre desapareció. A él no le interesaba el reconocimiento o la gratitud de la tribu; le interesaba el bienestar de ésta. Fue a otra tribu, en la cual también se dedicó a enseñarles el valor de su invento. Allí también la gente estaba interesada, un poquito demasiado interesada para la paz mental de sus sacerdotes, quienes empezaron a notar que este hombre congregaba multitudes mientras que ellos perdían popularidad. De manera que decidieron eliminarlo. Lo envenenaron, lo crucificaron, díganlo como quieran. Pero temían que ahora la gente se volviera contra ellos, de manera que fueron prudentes, incluso astutos. ¿Saben qué hicieron? Mandaron hacer un retrato del hombre y lo pusieron sobre el altar principal del templo. Enfrente del retrato pusieron los instrumentos para producir el fuego, y a la gente le enseñaron a reverenciar el retrato y a reverenciar los intrumentos del fuego, lo cual hicieron debidamente durante siglos. Siguieron la veneración y la adoración, pero no había fuego.

¿En dónde está el fuego? ¿En dónde está el amor? ¿En dónde está la droga desarraigada de usted? ¿En dónde está la libertad? De esto se trata la espiritualidad. Trágicamente, tendemos a perder esto de vista, ¿no es así? De esto se trata Jesucristo. Pero le dimos demasiado énfasis al "Señor, Señor", ¿no es verdad? ¿En dónde está el fuego? Y si el culto no lleva al fuego, si la adoración no lleva al amor, si la liturgia no lleva a una percepción más clara de la realidad, si Dios no lleva a la vida, ¿de qué sirve la religión excepto para crear más divisiones, más fanatismo, más antagonismo? No es por falta de religión, en el sentido ordinario de la palabra, por lo que sufre el mundo; es por falta de amor, de consciencia. Y el amor se genera por medio de la consciencia, y no de otro modo. Comprendan los obstáculos que les ponen al amor, a la libertad, a la felicidad y ellos desaparecerán. Enciendan la luz de la consciencia y la oscuridad desaparecerá. La felicidad no es algo que se adquiere; el amor no es algo que uno produce; el amor no es algo que uno tiene; el amor es algo que lo *tiene*

a uno. Uno no tiene el viento, las estrellas y la lluvia. Uno no
posee estas cosas; uno se entrega a ellas. Y la entrega ocurre
cuando uno toma consciencia de sus ideas ilusorias, de sus
adicciones, cuando uno tenga consciencia de sus deseos y sus
temores. Como les dije antes, en primer lugar, la comprensión
psicológica es de gran ayuda, pero no el análisis. El análisis
es parálisis. La visión no es necesariamente el análisis. Uno
de los grandes terapeutas estadounidenses lo dijo muy bien:
"Lo que cuenta es la experiencia del «Ah, sí»". El solo análisis
no ayuda; simplemente da información. Pero si ustedes pueden producir la experiencia del "Ah, sí", eso es visión. Eso es
cambio. En segundo lugar, la comprensión de su adicción es
importante. Se necesita tiempo. Desgraciadamente, se dedica
mucho tiempo al culto y al canto de alabanzas y a cantar
canciones, tiempo que podría dedicarse con buenos frutos a
la comprensión de sí mismo. Las celebraciones litúrgicas
comunes no producen comunidad. Ustedes saben en el fondo
del alma, y también lo sé yo, que esas celebraciones solamente
sirven para ocultar las diferencias. La comunidad se produce
comprendiendo los bloqueos que le ponemos a la comunidad,
comprendiendo los conflictos que surgen como resultado de
nuestros temores y nuestros deseos. En ese momento, surge
la comunidad. Debemos tener cuidado, para no convertir el
culto en otra distracción en la importante empresa de vivir. Y
vivir no significa trabajar en el gobierno, o ser un gran hombre
de negocios, o hacer actos de caridad. Eso no es vivir. Vivir es
descartar todos los impedimentos y vivir en el momento presente con frescura. "Las aves del cielo ... ellas no trabajan ni
hilan" — eso es vivir. Empecé diciendo que la gente está
dormida, muerta. Hay gente muerta gobernando, gente muerta dirigiendo los grandes negocios, gente muerta educando a
otros; ¡vivan! El culto debe ayudar a esto, o es inútil. Y
progresivamente — ustedes saben esto y yo también — estamos perdiendo a los jóvenes en todas partes. Ellos nos odian;
no les interesa tener más temores y más culpas. No les
interesan más sermones y exhortaciones. Pero les interesa
aprender sobre el amor. ¿Cómo puedo ser feliz? ¿Cómo puedo

estar realmente vivo? ¿Cómo puedo tener la experiencia de
esas cosas maravillosas de las que hablan los místicos? De
manera que eso es lo segundo — la comprensión. En tercer
lugar, no se identifique. Mientras venía hoy para acá alguien
me preguntó: "¿Alguna vez se ha sentido usted deprimido?"
Realmente, a veces me deprimo. Me dan mis ataques. Pero no
duran, realmente no duran. ¿Qué hago? Primer paso: No me
identifico. Aquí tenemos un sentimiento de depresión. En
lugar de ponerme tenso, en lugar de irritarme conmigo mismo
debido a eso, comprendo que estoy deprimido, decepcionado,
o lo que sea. Segundo paso: Admito que el sentimiento está en
mí, no en la otra persona, es decir, en la persona que no me
mandó una carta, no en el mundo exterior; está en mí. Porque
mientras piense que está fuera de mí, considero justificado
conservar mis sentimientos. No puedo decir que todo el mundo se sienta así; en realidad, solamente los idiotas se sentirían
así, solamente las personas dormidas. Tercer paso: No me
identifico con el sentimiento. El "yo" no es ese sentimiento. El
"yo" no está solo, el "yo" no está deprimido, el "yo" no está
decepcionado. La decepción está *allí*, uno la observa. Ustedes
se sorprenderían de la rapidez con que desaparece. Cualquier
cosa de la cual uno tenga consciencia cambia continuamente;
las nubes se mueven continuamente. Cuando uno logra eso,
comprende de muchas maneras por qué había nubes.

Tengo aquí una hermosa cita, unas pocas frases que yo
escribiría con letras de oro. Las tomé del libro de A. S. Neill,
Summerhill. Antes, debo exponer algunos antecedentes. Probablemente ustedes saben que Neill fue educador durante
cuarenta años. Tenía un colegio muy independiente. Recibía
niños y niñas, y los dejaba ser libres. ¿Usted quiere aprender
a leer y a escribir? Muy bien. ¿No quiere aprender a leer y a
escribir? Muy bien. Usted puede hacer lo que quiera con su
vida, mientras no se inmiscuya en los asuntos de otra persona. No interfiera la libertad de otra persona; por lo demás,
usted es libre. Dice Neill que los peores casos le llegaban de
colegios religiosos. Por supuesto, esto era en los viejos tiempos. Dice que estos niños tardaban alrededor de seis meses

en sobreponerse a toda la ira y el resentimiento que habían reprimido. Durante seis meses se rebelaban, luchaban contra el sistema. El peor caso fue el de una niña que montaba en su bicicleta y se iba para el pueblo, evitando las clases, evitando el colegio, evitando todo. Pero una vez que superaban su rebeldía, todos querían aprender; hasta empezaban a protestar: "¿Por qué no tenemos clase hoy?" Pero solamente estudiaban lo que les interesaba. Se transformaban. Al principio, los padres temían mandar a sus hijos a este colegio; decían: "¿Cómo puede usted educarlos si no les impone disciplina? Hay que enseñarles, orientarlos". ¿Cuál fue el secreto del éxito de Neill? A él le llegaban los peores niños, los que todo el mundo había dado por perdidos, y en seis meses se transformaban. Escuchen lo que dijo, palabras extraordinarias, palabras santas: "Cada niño tiene un dios en él. Nuestros intentos por moldear al niño convertirán el dios en un demonio. Los niños llegan a mi colegio, pequeños diablos, odian el mundo, son destructivos, maleducados, mentirosos, ladrones, de mal humor. En seis meses se transforman en niños felices, saludables, que no hacen ningún mal". Éstas son palabras sorprendentes en boca de un hombre cuyo colegio en la Gran Bretaña es inspeccionado regularmente por personas del Ministerio de Educación, por cualquier director o directora o por cualquier persona que quiera ir. Sorprendente. Ése era su carisma. Estas cosas no se hacen siguiendo un plan predeterminado; hay que ser una persona especial. En algunas de sus conferencias a directores y directoras, Neill les dice: "Vengan a Summerhill, y verán que todos los árboles frutales están cargados de frutas; nadie arranca las frutas de los árboles; no hay ningún deseo de atacar a la autoridad; los niños comen bien y no hay resentimiento ni ira. Vengan a Summerhill y nunca encontrarán a un niño lisiado que tenga un sobrenombre (ustedes saben cómo pueden ser de crueles los niños cuando alguien es tartamudo). Ustedes nunca encontrarán a nadie burlándose de un tartamudo, nunca. En esos niños no hay violencia porque nadie es violento con ellos". Escuchen esas palabras de revelación, palabras sagradas. En el mundo hay personas así. A pesar de lo que les puedan decir los sabios, los sacerdotes y los teólogos, en el mundo hay personas que no tienen peleas, ni celos, ni conflictos, ni guerras, ni enemistades. ¡Ninguna de esas cosas! En mi país existen, o, me da tristeza decirlo, existieron hasta hace poco. Yo tenía amigos jesuitas que vivían y trabajaban con personas que según me decían, eran incapaces de robar o de mentir. Una hermana me dijo que cuando ella fue al noreste de la India a trabajar con algunas tribus, la gente no cerraba o guardaba nada con llave. Nunca se robaban nada y nunca decían mentiras — hasta que llegaron el gobierno y los misioneros.

Cada niño tiene en él un dios; nuestros intentos por moldearlo convertirán al niño en un demonio.

Hay una hermosa película italiana dirigida por Federico Fellini, llamada *8½*. En una escena aparece un hermano cristiano en una excursión con un grupo de muchachos de ocho a diez años. Están en una playa, caminando, mientras el hermano viene detrás con tres o cuatro muchachos a su alrededor. Se encuentran con una mujer mayor que es prostituta, y le dicen:

—Hola.

Ella contesta:

—Hola.

Ellos le preguntan:

—¿Quién eres tú?

Y ella dice:

—Yo soy una prostituta.

Ellos no saben qué es eso, pero fingen saberlo. Uno de los muchachos que sabe más que los otros dice:

—Una prostituta es una mujer que hace ciertas cosas si uno le paga.

Ellos preguntan:

—¿Haría ella esas cosas si le pagáramos?

—¿Por qué no? — fue la respuesta.

De manera que hacen una colecta, le dan el dinero, y le dicen:

—¿Harías ciertas cosas ahora que te hemos dado el dinero?
Ella responde:

—Por supuesto, muchachos, ¿qué quieren que haga?

Lo único que se les ocurre a los muchachos es que ella se quite la ropa. Y ella lo hace. Bueno, la miran; nunca habían visto a una mujer desnuda. No saben qué más hacer, de modo que le dicen:

—¿Quieres bailar?

Ella dice:

—Por supuesto.

Ellos se reúnen alrededor de ella cantando y batiendo palmas; la prostituta mueve el trasero, y ellos se divierten de lo lindo. El hermano ve todo esto. Corre por la playa y le grita a la mujer. La hace vestir, y el narrador dice: "En ese momento, los niños se corrompieron; hasta entonces eran inocentes, hermosos".

Éste no es un problema infrecuente. En la India, conozco a un misionero muy conservador, un jesuita, quien asistió a uno de mis talleres. Mientras yo desarrollaba este tema durante dos días, él sufría. La segunda noche vino a buscarme y me dijo:

—Tony, no puedo explicarte cómo sufro cuando te escucho.

—¿Por qué, Stan? — le pregunté:

Me contestó:

—Tú estás reviviendo una pregunta que he reprimido durante veinticinco años, una horrible pregunta. Una y otra vez me he preguntado: ¿Habré corrompido a mi gente convirtiéndola al cristianismo?

Este jesuita no era uno de esos progresistas, era ortodoxo, devoto, piadoso, conservador. Pero sentía que corrompía a una gente feliz, amable, sencilla, sin malicia, convirtiéndola al cristianismo.

Los misioneros estadounidenses que fueron a las Islas de los Mares del Sur con sus esposas se horrorizaron cuando vieron que las mujeres nativas iban a la iglesia con los pechos descubiertos. Las esposas insistieron en que las mujeres estuvieran decentemente vestidas. De modo que los misioneros les dieron camisas para que se las pusieran. Al domingo siguiente, las mujeres llegaron con las camisas puestas, pero con dos grandes huecos para estar cómodas y ventilarse. Ellas tenían razón; los misioneros estaban equivocados.

Ahora ... regresemos a Neill, quien dice: "Yo no soy un genio, soy sencillamente un hombre que se niega a guiar los pasos de los niños". Pero entonces, ¿qué pasa con el pecado original? Neill dice que cada niño tiene un dios en él; nuestros intentos por moldearlo convierten al dios en un demonio. Él permite que los niños formen sus propios valores, y los valores son invariablemente buenos y sociales. ¿Pueden ustedes creerlo? Cuando un niño se siente amado (lo que significa: cuando un niño siente que usted está de su lado), estará bien. El niño ya no experimenta la violencia. No hay temor, por eso no hay violencia. El niño empieza a tratar a los demás como lo tratan a él. Ustedes tienen que leer ese libro. Es un libro sagrado, realmente lo es. Léanlo; revolucionó mi vida y mi manera de relacionarme con la gente. Empecé a ver milagros. Empecé a ver la insatisfacción conmigo mismo que me habían inculcado, la competición, las comparaciones, el "eso no es suficientemente bueno", etc. Ustedes podrían objetar que si no me hubieran presionado, no sería lo que soy. ¿Necesitaba toda esa presión? Y de todas maneras, ¿quién quiere ser lo que yo soy? Quiero ser feliz, quiero ser santo, quiero amar, quiero estar en paz, quiero ser libre, quiero ser humano.

¿Saben de dónde vienen las guerras? Vienen de proyectar hacia afuera el conflicto que tenemos dentro. Muéstrenme un individuo que no tenga un conflicto interno y yo les mostraré un individuo que no es violento. Sus acciones serán eficaces, incluso duras, pero estará libre de odio. Cuando actúa, actúa como el cirujano; cuando actúa, actúa como el maestro amante con los niños que tienen retardo mental. Uno no los culpa, los comprende; pero se lanza a la acción. Por otra parte, si uno se lanza a la acción con su propio odio y su propia violencia sin resolver, el error se agrava. Trató de apagar el fuego con más fuego. Trató de controlar una inundación echando más agua. Repito lo que dijo Neill: "Cada niño tiene un dios en él.

Nuestros intentos por moldear al niño convertirán al dios en un demonio. Los niños llegan a mi colegio como pequeños demonios, odiando el mundo, destructivos, maleducados, mentirosos, robando, de mal humor. A los seis meses son niños felices y saludables que no hacen ningún mal. Y yo no soy un genio, soy simplemente un hombre que se niega a dirigir los pasos de los niños. Yo les permito formar sus propios valores y los valores son invariablemente buenos y sociales. La religión que vuelve buena a la gente la vuelve mala, pero la religión conocida como libertad hace que todas las personas sean buenas, porque destruye el conflicto interno [yo agregué la palabra "interno"] que convierte a las personas en demonios".

Neill también dice: "Lo primero que hago cuando un niño llega a Summerhill es destruir su conciencia". Supongo que ustedes saben a qué se refiere, porque yo sé a qué se refiere. No se necesita la conciencia cuando se tiene consciencia;* no se necesita la conciencia cuando se tiene sensibilidad. No se es violento, no se es temeroso. Probablemente ustedes piensen que éste es un ideal inalcanzable. Bien, lean ese libro. Me he encontrado aquí y allá con individuos que de repente se tropiezan con esta verdad: La raíz del mal está dentro de uno mismo. A medida que uno comprenda esto, va dejando de forzarse, y uno comprende. Nútranse con alimentos sanos, con alimentos buenos y sanos. No me refiero al alimento en sentido literal; me refiero a las puestas del Sol, a la naturaleza, a una buena película, a un buen libro, a un trabajo agradable, a la buena compañía, y se podrá esperar que ustedes rompan sus adicciones a esos otros sentimientos.

¿Qué sentimiento tienen ustedes cuando están en contacto con la naturaleza, o cuando están absortos en un trabajo que aman? ¿O cuando conversan con alguien cuya compañía disfrutan en la sinceridad y en la intimidad sin apegarse?

---

*Conciencia: Facultad de discriminar entre el bien y el mal.
Consciencia: Conocimiento intuitivo que tiene un individuo de sí mismo y del medio que lo rodea *(N. del Ed.).*

¿Qué clase de sentimiento tienen? Comparen esos sentimientos con los que tienen cuando ganan una discusión, o cuando ganan una carrera, o cuando son populares, o cuando todo el mundo los aplaude. A éstos últimos los llamo sentimientos mundanos; a los primeros los llamo sentimientos del alma. Muchas personas ganan el mundo y pierden su alma. Muchas personas viven una vida vacía, sin alma, porque se alimentan de la popularidad, el aprecio, la alabanza, el "yo estoy bien, tú estás bien", de mírenme, préstenme atención, apóyenme, aprécienme; de ser el jefe, de tener poder, de ganar la carrera. ¿Se alimentan ustedes de eso? Si así es, están muertos. Perdieron su alma. Aliméntense de otro material más nutritivo. Entonces verán la transformación. Les di todo un programa de vida, ¿no es verdad?